私のアクセサリー
オリジナルの
つくり方
"ほんとう"の売り方
ページのなかに
さがしにいこう

"ほんとう" のこと

ハンドメイドのアクセサリーや手づくりの雑貨に関わるお店や本づくりを始めてから十数年がすぎました。
最初は外国のことやアンティークのことが主なテーマでそのなかのひとつのジャンルという感じただのですがリトルマガジンでフランスと日本の手づくりのことを特集してみたらとても人気でお店にも手づくりのものを求めるお客さま、自作の持ち込みたい人たちも次々といらっしゃり、鎌倉から東京への移転を機会にとうとう "手づくり やりくり ものづくり" の「くりくり」というマガジンを出すことに。本の街神保町での新しいお店も手づくり雑貨とカフェ、イベントスペースがいっしょのスタイルに。別に目白の古家を直しハンドメイド作品のギャラリーも始めました。もう12年前のこと。それはちょうどいまへと続く手づくり雑貨のブームの始まりのころでした。ハンドメイドがテーマの東京のお店はまだ3店か4店ほど。でも手にしてみたい人たちはいっぱい。「私の手づくりしたものも "作品" として売れますか？」という人もたくさん。買いたい人売りたい人、両方の人その人たちと出会い、声を聞く毎日が始まりました。
手づくりを扱うお店が増え、あちこちでイベントも開催。「くりくり」のページと公募展のくりくり展、企画展もあの街この町へと広がるブーム、お客さまと作家さんの数と傾向の変化と共に内容や方法を変えていきました。路地裏の古家から駅近のビルの改装店へと大きくしていった神保町で毎年夏に恒例開催の公募展くりくり展で規模が大きくなっても変えなかったのはプロアマ問わず出品の "イメージスケッチ" を自分らしい表現で送ってもらうこと、できれば個別面談にお店まで来ていただくことでした。多い時は半月以上を要してひとりひとりと面談、お話をし作品を拝見することで感じたこと。
それは、この人の作品は評価される。作家として伸びると感じる人に共通の "ほんとう" のことでした。

「くりくり」2004年創刊

くりくり展は2005年
東京目白の大正時代のお家
ギャラリー coco de co でスタート
主婦の友社「雑貨カタログ」の
同年のイベント部門投票1位

神保町最初の路地裏 AMULET
「杉浦さやかと
すげさわかよのさんぽ展」
アートフリマとライブの最終日は
2千人の来店2時間待ち

神保町2番目の AMULET
ビルの1階2階を
古家風に改装。カフェを常設
毎月ライブを開催

2011 西荻窪の AMULET
わずか3月の短期ショップ

2012年〜
押上 ギャラリー&ショップ AMULET

くりくりの本
千の雑貨の3冊シリーズ
ハンドメイドの本各冊
全国書店で二見書房より発売中

くりくり編集室のお店 AMULET
オリジナルパーツから

2015年〜
渋谷西武 くりくりシブヤ店

2014/2015
日本ホビーショー
スウィーツデコフロアに
招待出展

2013年〜
秋の京都のくりくり展

ひとつは、その人だけのスタイルをもっていること。
ふたつめは、イラスト、写真や文章、話しことばであれ
つくりたいイメージを伝えることが出来ていること。
初心者であっても、表現がまだ未熟でもそれを感じる人。
実際にくりくり展に作品が出展販売され、来場者の反応
評価を見た時、やはりそれは "ほんとう" のことでした。
買いたい人たちの波がひき、震災があり、SNSを通して
売りたい人たちの波がやってきた次の数年間のなかで

初心者でも "ほんとう" のスキルを感じた人の多くは、
お客さまとの関係をつくり、何人かはハンドメイドを
職業にするようになりました。
神保町から西荻窪、押上と渋谷へお店を移し、何冊かの
くりくりの本をつくり、企画展を開催しながら、新しい
作家さんと多くのお客さまと出会い、声をききました。
昨年の夏、次のくりくりの本の内容を考え始めたころ、
本屋の手芸のコーナーには売りたい人たちの新しい波へ
手招きするように "売る" ための本がならんでいました。
"売れる" ことは大切なこと。作家と作品への評価の証。
利益を得ることで作家はゆとりと自信をつかみ次の新作
新しい定番へのチャレンジが出来ます。
ブームから現在までの十数年、出会ってきた作家たちに
"ほんとう" に売れるためにはどんな方法があると思う？
あいまいなアドバイスではなく実際の経験を教えて…と
ある人には私話のなかで、ある人には本の企画のことを
伝え成功と失敗の話を聞きました。そして、つくり売る
現場の多くの声からこの本をつくりました。

もくじ

1  アクセサリーハンドメイドの"売れる"作家になるための"ほんとう"のこと
P.008

- 010 作家 / プロ とは？ お客さまとは？
- 014 売上とは何？儲けるとはどんなこと？
- 016 売れる作家への らせんの法則
- 018 "私"の名前 ネーミング
- 020 ロゴを使った ブランディング
- 026 テクスチュア とライトモチーフ
- 026 マーケティングのメリットと方法
- 028 利益の計算式

2 "売れる"オリジナルアクセサリーをつくる方法とアイデア
P.032

- 033 "定番"へのものづくり
- 046 お客さまのタイプ別 3つの"定番"へ
- 051 オリジナルのアクセサリーをつくる 4つのテーマとアイデア
- 052 レジン / プラバン
- 060 クレイ
- 066 刺繍
- 070 フェルト
- 076 ソーイング
- 080 クラフト

3 つのマーケット "売れる"ために "ほんとう"に 役にたつこと
P.085

- 087 タグとシールづくり
- 090 パッケージについて
- 092 3つのマーケットでの つくり方 売り方
- 093 イベント
- 096 マーケットプレイス
- 102 ショップ
- 106 作品のタイプ別 ベストな売り場所 売り方

P.108 ハンドメイドとアクセサリー これからのかたち

P.116 作家さんたちの "ほんとう"の声をききました

P.121 アクセサリー素材・パーツの仕入先 個人でもいくつもたくさん発注できる 工場 / 工房 / ものづくりラボ

P.126 ハンドメイド / アクセサリー作家用語の基礎知識

P.130 税金のこと Q & A

この本の読み方 つかい方

ひとりひとりの
オリジナルアクセサリーのつくり方
売り方の "鍵" をさがすページに
つぎつぎご案内

この本のあちこちに
掲載の内容に関係するページへの案内があります。
リンクしてあなたの "鍵" の "答え" を
見つけてください。

売り方 売り場所ごとの
ロゴやツールのテクニックは
085 ページへ　→p.085

つくる / 売る ために役にたつ 4つの用紙 さしあげます

作家活動を続けてきた人たちの経験、希望をきいて
この本の読者のためにつくりました。

利益の計算用紙　　私の作品スケッチ用紙　　作品づくり工程表　　お客さま備忘録

自宅のパソコン プリンターから
いつでも何枚でも取り出せる PDF で提供します
132 ページへ　→p.132

★文中のデータは特に記載のない場合は 2016 年 2 月現在のものです

最初に 知っていて ほしいこと

1

何年もアクセサリーをつくり
販売を経験してきている作家さん
これから作家活動を始めようとしといる人が
もっとすてきなハンドメイドのつくり方
売り方を見つけたいなら知っていてほしい
いくつかのほんとうと
いくつかの提案。

アクセサリーハンドメイドの"売れる"作家になるための"ほんとう"のこと

作家/プロとは？
お客さまとは？　P.010

売上とは？儲けるとは？　P.014

売れる作家への らせんの法則　P.016

"私"の名前 ネーミング　P.018

ロゴを使った ブランディング　P.020

テクスチュア と ライトモチーフ　P.022

マーケティングのメリットと方法　P.026

利益の計算式　P.028

「作家とは 誰だろう？
プロとは 何だろう？」

「私は作家になれますか？」という質問をする人が
よくいらっしゃいます。答は簡単。「なれます」
ハンドメイドでも他のクリエイトに関わるジャンルでも
作品づくりを始めている人、始めたいと思っている人が
自分がなりたい、名のりたいと思った瞬間から
"作家" なのです。私が、というより私だけが
自分が作家であるかどうか決めることが出来るのです。
たとえハンドメイドの経験や技術があっても
私がそれを趣味と感じ、購入してくれた人にもそれを
趣味ですと語ったとしたら "作家" ではないのです。

「私は作家である」と意識してみましょう。
これから作家になりたいと思っている人は、最初に
そこから始めてましょう。

まず 自分が作家であると意識する

この本は、オリジナルのアクセサリーのつくり方と見つけ方
売り方をさがすための本。
1冊の本で専業＝プロになれる魔法は、ありません。
「くりくり」のお店やイベントに出品や参加いただいた
作家さんのなかで数年以上続けて、専業として生計を
たてている人は数百名のなかの 10 名前後。2〜3％程です。
しかし、多くの作家さんにとってハンドメイドを仕事として
生活の一部を支えたい、プロになれればと意識することが
売り方を広げ売上をアップする最良のきっかけになりました。

もしなれるとしたら、どんなプロの作家になりたいですか？
いままでの〝私〟今日の "私" の視線で
プロの作家としてのもうひとり明日の "私" を
鏡のむこうを確かめるようにイメージしてみましょう。

明日の私は……

人気作家として
ファンの輪を
広げたい

専業できる
収入を
得たい

ショップ
アトリエを
オープン

などなど

プロの作家への条件を問うと、他にない独創性と
お客のニーズをつかむことと答える人がいます。
ではどうしたらそれを"私"のものにすることが
できますか？ その2つ目の問いに答える声は
あいまいだったり、言葉少なだったりです。
ほんとうの答えは"私"のつくり方 売り方を
探す日々のなかにあります。
「くりくり」のお店で人気のある作家さんは
既存の手づくりの好きな作品をよく見ることから
自作のヒントを見つけました。休日のフリマや
バザーでのやりとりからお客さまたちとの関係、
ファンを広げた作家さんが何人もいます。
ひとりひとり、その答えは違うのです。

プロとは 自分のつくり方 売り方でハンドメイドを仕事にする ということ

ではどうしたら"私"の答えが見つかるのか？
作家としての"私"の視線を重ねて
毎日の出来事、出会いをながめていきましょう。
それは案外もうひとりの"私"との楽しい
日々になるはずです。趣味や楽しみの延長でも
いいから自分のつくり方と売り方を探していく。
その結果が売上と利益となり、仕事として
生活の一部を支えることとが出来た時
そこには、プロの作家の"私"がいます。
それでは
ページを開いて"私"をさがしにいきましょう。

「お客さまとは誰だろう？
　一体どこにいるのだろう？」

お客さまとはもちろん商品を買ってくれる人のこと。
でも、ハンドメイド作家にとっては"作品"を買ってくれる
人のことです。商品の多くは生活に必要なもの。多くの人が
まったく同じものを手にすることが出来るもの。
作品とは、お客さまひとりひとりの生活にときめきや
豊かさの彩りを加えるもの。他の人とは違う自分らしさを
感じることができるもののこと。
そこには売る側である作家さんがものづくりにこめた思いと
買う側であるお客さまの手にした時の"共感"があります。
一点ものでなく同じデザインでいくつも手づくりしたとしても
"共感"の関係があればハンドメイドの作品なのです。

お客さまとは作家に"共感"して作品を買ってくれる人

"私"はお客さまと実感できる人がまだいない。
いままでの"私"の作風、デザインをリフレッシュしたい
けれどなかなかイメージがつかめない。「どうしたらいいの？」
ハンドメイドを始めたばかりの人、続けている人から
そんな質問をされます。答えの代わりにこうたずねます。
「あなたの作品を渡したい、手にしてほしい人は誰ですか？」
それが知っている人なら、どんなアクセサリーをしているか
どんな服や雑貨を好んでいるかを毎日の関係のなかで
観察してみましょう。仲がよければ直接きいてみましょう。
知らない人でも、そう感じる人とのすれちがいには目をやり
集まる場所をおとずれ、その場所の雰囲気に似合うデザイン、
素材、いろとかたちをイメージしてみましょう。
そこできいたこと見たもの
感じたものごとから
"私"が共感できるものを
組み合わせてイメージをスケッチしてみましょう。
そこに、まだ見ぬお客さまが手にする
作品のすがたが現れます。

スケッチから始まる
"私"作品づくりの方法は
033ページへ　→p.033

アクセサリーハンドメイドの"売れる"作家になるための"ほんとう"のこと / P.013

作品のすがたや情報を"お客さま"になるかもしれない人に届けることは簡単です。特に数年来のマーケットプレイスとよばれるウェブサイトの普及で、誰でもいますぐどこからでも可能になりました。画像を見てかわいい、いいね！の言葉があちこち。でも、ほんとうに購入するのは少数。画像では実際の質感、着け心地が分からない。つまり、買いたいという意欲、決定に至らない。
作品への"共感"作家との"共感"こそ、その壁を乗り越えほんとうに買ってくれるお客さまをさがし見つけるためのキーワードです。
マーケットプレイス、イベント、ショップの売り場所ごとにファーストコンタクトのシーンでどうすれば"共感"のメッセージを送れるのか？
最初の購入をきっかけにうまれたお客さまとの輪を
どんなセカンドコンタクトで広げていくのか？

売り場所ごとの
売り方の方法は 085 ページへ →p.085

手づくりブームとよばれた 10 余年前から現在まで
ハンドメイドのつくり方売り方の変化のなかで、お客さまを見つけてきた作家さん
趣味を仕事へと変えた作家さんの方法とは "共感"を探すノウハウの蓄積なのです。

「売上とは何だろう？
　儲けるとはどんなこと？」

お金とは "私" と相手との間で、共通の価値を決めるために必要なもの。
"私" にとても大切なものでも、相手にとって価値を感じられないものなら金額は 0。
でも、相手もそれを大切なものと "共感" し自分のものにしたい、買いたいと
金額を提示してくれたとしたら、それは "私" の作品が評価され "私" が作家として
相手にも認められた証しです。
誰かに認められるということは "私" の自信へとつながります。
売上とは、買ってくれた相手がひとりだったとしても "私" への評価の集計です。
ハンドメイドの作家にとって売上が自分が設定していたより大きな金額であれば
いままでの方向の延長で自分のやり方を広げることへの確信となり
気持の余裕は、自分の能力を最大に引き出す力になります。

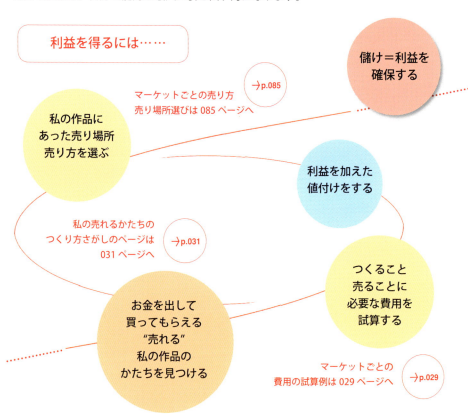

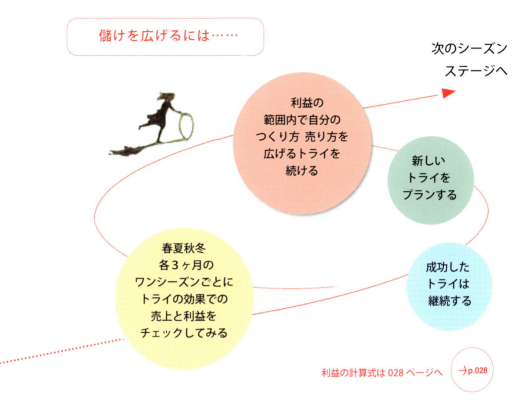

利益の計算式は 028 ページへ　→p.028

売上があがることと儲けることとは違います。
儲けとは売上から材料費や販売にかかった経費を引いた利益のことです。
利益がなければ仕事を続けることはできません。儲けるということは作家であるための
基本条件です。売上をあげながら一定の利益を確保することができればハンドメイドを
仕事にしていく自信になります。ハンドメイドを専業にしているある作家さんはそれを
2年以上続けることができた時、プロへの可能性が見えてきたそうです。
利益とは作家としての収入ではありません。ハンドメイドを仕事にしたいなら、自分の
収入は、材料費などと共に経費として設定します。それを差し引いたほんとうの利益を
"私"のつくり方と売り方をさがすために使いましょう。
例えば、オリジナルアクセサリーの新作をつくるためのサンプルや資料購入、試作に使う。
販売やお客さまとの出会いの場を広げるためのイベントの出店や出展にトライしてみる。
"共感"を感じたお客さまへのアフターフォローのサービス、ノベルティにあてる。など
ひとりひとりのつくり方と売り方の幅や奥行きを広げるアイデアを実行してみましょう。
トライの結果の売上と儲けを、作品の品揃えの区切りとなる四季のシーズンごとに
チェックしてみましょう。ひとつでもよい結果を見せてくれたら、成功の理由を考え
次のシーズンに向けてそのバリエーションや新しいトライを始めてみましょう。

"売れる"作家への「らせんの法則」

クラシック音楽にライトモチーフという言葉があります。ある主題や動機を何度も繰り返しながら変奏、アレンジしていくことで、聴く人も演奏をする人もより深く音につつまれ"共感"していきます。人の心をつかみ自分も満足を得る全ての創作そしてハンドメイド活動も同じです。無理のないペースでゆるやかにのぼれる向上を繰り返しながら、少しづつ変化を加え上昇していく〝らせん〟のスタイルです。
p.014で紹介した利益を増やしていくサイクルもらせんのかたちです。
つくり方と売り方をさがすそれぞれのシーンでも
らせんをイメージして進めてみましょう。
新しい作品、意外な売り方、利益への
近道になります。

例えば
新作づくりは

- それぞれのバリエーションへのお客さまの評価 売上を比較
- 好評のバリエーションを定番として継続販売 評価の理由を次作に活かす
- いくつかのバリエーションの新作をつくる

お店の品揃えやお客さまの四季のニーズの変化に合わせ自分の活動も春夏秋冬のサイクルで考えます。3ヶ月以降の次のシーズンを目標に一周のらせんのように活動をすすめてペースをつかみます。

イベントへの
出品 出展は

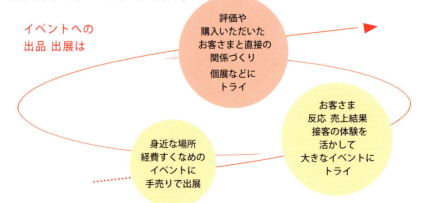

- 評価や購入いただいたお客さまと直接の関係づくり 個展などにトライ
- 身近な場所 経費すくなめのイベントに手売りで出展
- お客さま反応 売上結果 接客の体験を活かして大きなイベントにトライ

"私"を"売れる"作家へ変える らせんの方法
「ブランディング」

作品を継続的に売りたいと思っているのなら "私" のブランドをつくりましょう。
自分が名のった時、作家になれると p.010 に書きました。同じように "私" の
作品たちに共通の名前を与えた時、いままでどこにもなかったブランドが世界に現れます。
ブランドであるという点では、シャネルやグッチと同じ。でも決定的に違うこと。そこに
ファンがいないということです。ファンとは継続的なお客さま、または、そうなりたいと
意識していてくれる人のことです。つまり作品に "共感" してくれる人たちのことです。
いまはまだいなくても、その人にファーストコンタクトし、作品へ "共感" してくれる
きっかけに、タイミングをらせんのように繰り返し "共感" をその人たちの "記憶" へと
変えていく毎日のこと。それをブランディングとよびます。

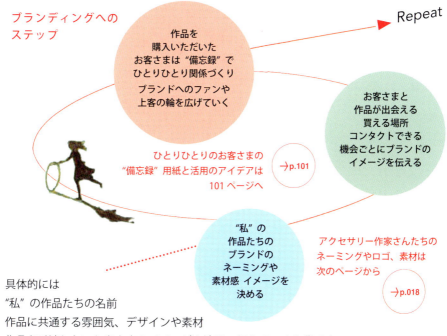

ブランディングへの
ステップ

作品を
購入いただいた
お客さまは "備忘録" で
ひとりひとり関係づくり
ブランドへのファンや
上客の輪を広げていく

Repeat

お客さまと
作品が出会える
買える場所
コンタクトできる
機会ごとにブランドの
イメージを伝える

ひとりひとりのお客さまの
"備忘録" 用紙と活用のアイデアは
101ページへ

→p.101

"私" の
作品たちの
ブランドの
ネーミングや
素材感 イメージを
決める

アクセサリー作家さんたちの
ネーミングやロゴ、素材は
次のページから

→p.018

具体的には
"私" の作品たちの名前
作品に共通する雰囲気、デザインや素材
作品を手渡したいお客さまのイメージを決め、伝えていく作業です。
他の作家さんより価値があると "記憶" された時、"私" の作品のファンがそこにいます。
実際に最初の一点を購入し、その作品を着けてよかったと感じ、この気持や感想を誰かに
伝えたとしたら "共感" が広がり、あなたのファンの輪を広げていきます。
"売れる" 作家へのらせんのループが始まります。

作家としての"私"の名前
「ネーミング」の方法

「はじめに言葉ありき」という言葉があります。
聖書にある天地創世のはじまりを示す言葉です。
言葉というサインがあったからこそ、ものとして認識され
すがたやかたちが区別される。ハンドメイドの活動にとっては
はじめに〝名前〟ありき。〝私〟にとっても自分が作家であると
意識する最初の、そして大きな一歩です。そして、お客さまを
つかむブランディングの最初の一歩でもあるのです。
作家としての名前に、こんなものをつくりたい、こんな人に渡したい
自分の世界観や願いを"意味"としてこめることは大切なことです。
でも、お客さま（になるかもしれない人）とのファーストコンタクトで
その名前が印象に残らなければ、何の意味もありません。
〝マジックナンバー〟という方法があります。
人が短時間で記憶できる数は7つ程度まで、音の響きを
それ以内でネーミングすることでまず相手に印象を残す方法です。
最近の説では4つ前後。日本人の音感は奇数を好むともいわれますが
長く作家を続けている方の名前は、ほとんどそう。それ以上の数だと
お客さまから略式の短い名前で呼ばれるようになります。

ねごろあきこ

さっちん

シャッポ

mogu（モグ）

puco（プコ）

ポピュラー ←

樫野 弘美（かしの ひろみ）

geirin akiko（けいりん あきこ）

髙田 ナッツ

7つより少ない音の数でネーミングをする

それでは短い。もっと伝えたい"意味"を表現したいなら
サブネームを考えましょう。ロゴに加えたり、名刺に
加えることで作家名にちいさな物語を添え印象を深くします。
ただし、それはセカンドコンタクトでのブランディングの方法です。
他の人の作家名と似ている。活動を始めてから〝かぶって〟いるのが
分かってどうしよう？…と相談されたことがあります。同じ活動地域で
法律的に商標登録されている場合は別ですが「気にしない」と答えました。
作家名はファーストコンタクトで〝印象〟を与えることができるかが鍵です。
例えば、マーケットプレイスで作品を見るきっかけになればよいのです。
同じ名前にひかれて"私"と同じ作家名の方の2人の作品を見比べた時
チャンスが2倍に増えた。そう思える作品を自分がつくっているかどうかなのです。

アクセサリーハンドメイドの"売れる"作家になるための"ほんとう"のこと / P.019

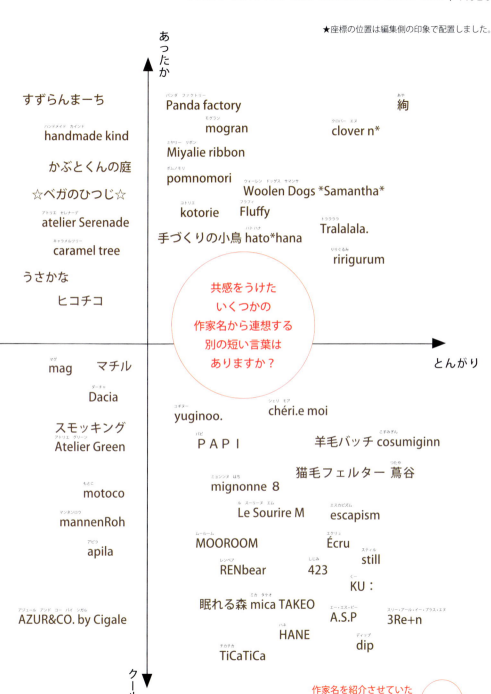

「ロゴ」を使った2つのブランディング

ここ数年、ハンドメイドの作家さんで自分の作家名を活字にしたり図案としてデザインして、お店や会社のロゴタイプ（通称ロゴ）のように使う方がとても増えました。初めは作品につけるタグやシールにロゴを載せ"私"のブランドとして印象をお客さまに伝える目的が中心でしたが、最近はマーケットプレイスでパソコンやスマホの画面にならぶ同じジャンルの何十もの作家作品のなかから"私"の作品のある場所、差別化へのサインとして使ったり、イラストのビジュアルやキャラクターも加え、出展イベント会場や出品しているお店での"私"のアイキャッチとして売り場所ごとのブランディングのシンボルキーツールになっています。

売り方 売り場所ごとのロゴやツールのテクニックは085ページへ → p.085

ポピュラー

ロゴは お客さまに "私は、ここにいるよ！" のサイン

そして
ロゴを使ったブランディングのもうひとつの方法。
自分のいままでの作風、売り方をリフレッシュして
新しいつくり方、お客さまさがしにチャレンジしたい時
そんな"私"の気持、意志のサインとして
新しいロゴに代えます。いままで決まったロゴが無ければ
はじめてのロゴを考えます。
作家名の変更は、いままでのお客さまが離れてしまう
リスクがあります。でも新しいロゴ＝リニューアルは
新作と共に新しいロゴを載せたタグやツールが
新しい"私"への思いを示すお客さまへのサインになるのです。

ロゴの刷新は〝新しい私をよろしく〟のメッセージ

新しいロゴに代えるのに合わせ旧作を見直し新作をつくり
その経過をサイトで紹介したり、お客さまにお知らせをする。
"売れる"作家への可能性をひらくらせんのテクニックです。

アクセサリーハンドメイドの "売れる" 作家になるための "ほんとう" のこと / P.021

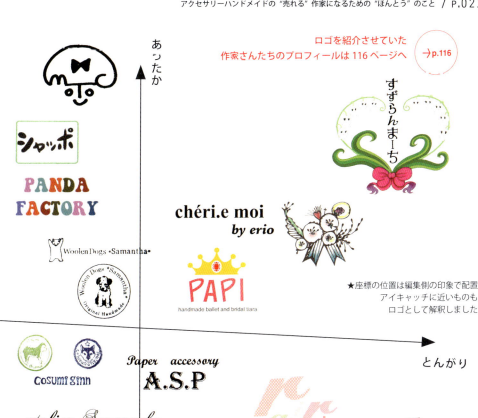

ロゴを紹介させていた
作家さんたちのプロフィールは 116 ページへ　→p.116

★座標の位置は編集側の印象で配置
アイキャッチに近いものも
ロゴとして解釈しました

"私" のロゴづくりに使える
活字フォントの無料の素材サイト例

希望のキーワードでフォント、図案
ビジュアルのフリー素材を検索、他にも多数見つかります

http://www.akibatec.net/freefont/index.html　　フリーフォント最前線
http://cute-freefont.flop.jp/aboutfreefont.html　　FREE フォントケンサク

★2016年1月18日現在

"売れる" ための新しいサイン
「テクスチュア」と「ライトモチーフ」

ハンドメイドの作品と量産されたプロダクツの商品の違いは
誰にでも分かるはずです。ひとつひとつ手づくりされたもの。
たとえ同じデザインでも、どこかが違う世界でひとつだけのもの。
作家になりたいと思ったきっかけに趣味でつくったものが
「まるでお店のものみたい」とほめられたことをあげる人がいます。
そして "もっとお店のものらしく" を意識して活動を始める人もいます。
そこには、大きなリスクがあります。量産の安価な商品よりも
安くしないと売れない。真似をされても "私" の作品が区別されない。
いつのまにか、つくることを夢みた自分が低賃金の
内職のような日々のなかにいることに気づきます。
手づくり、手作業であることの "価値" をはっきりと
作品を見る人、さわる人に伝えること。
その "価値" を価格としても表現できること。
それが "売れる" 作家であるための条件です。
そして、お客さまの "共感" をつかむブランディングの
新しいサインになっています。
同じデザインでも、手作業の "跡" を作品のうえに刻むこと。
たとえば、アクセサリーへのペイントの筆跡、素描のような
手縫いの糸。その日その時のモチーフの仕上げ具合。
手作業ならではのひとつひとつ違う "質感" をテクスチュアと呼びます。

坪井美香

caramel tree

素材感

3Re+n

PAPI

テクスチュアはひとつひとつ違う "質感" のサイン

同じパーツや素材でも、手作業の "跡" と手づくりの "価値" を刻むことがでます。
たとえは、いくつものチャームをつかう作品ならメインのモチーフは共通
他のパーツは多種類を用意して、ひとつひとつ別々に手作業で組み合わせを変える。
プロダクツと同じ布素材でも自分だけの図案やアイキャッチをプリントして作品をつくる。
"私の手づくり" のサインになるすがたやかたち。それがライトモチーフです。

ライトモチーフは "私の手づくり" のサイン

★座標の位置は編集側の印象で配置しました
作品横表記は作家名

→p.116

作品を掲載させていた
作家さんたちのプロフィールは116ページへ

10年程前にブームが起き、いまも多くの人の生活スタイルになっている麻や綿のナチュラルな服や雑貨は、自然の素材感、テクスチュアへの関心がそのきっかけでした。素材を活かしたシンプルデザインの服を手づくりした作家たちはいまも活躍しています。世代を越えてファンの多いミナペルホネンの服やバッグは、手織りのような手ざわりのオリジナル生地に変わらぬ定番モチーフをシーズンごとにアレンジし新作を発表しています。それらの人気の大きな理由は、テクスチュアとライトモチーフへのこだわりです。

ハンドメイドは、この2つを活かした作品づくりと表現にベストな方法です。量産のプロダクツより高価でも買いたいという"価値"は2つのアピールから生まれます。

"売れる"作品づくりのために知っておくこと 決めておくこと

p.010で"売れる"作家になるために意識しておきたいこと、お客さまに作品を手にしてもらうには"共感"が必要なこと、そして、"私"の売り方さがしを繰り返すらせんの方法のことを書きました。

「よく分からない」「難しい」と感じる人が多いはずです。

"私"もお客さまも誰でも具体的なもの、いろやかたちでものごとを理解をします。

実際のお客さまの登場や売上や結果を経験してから初めて、言葉やイメージがほんとうに実感できるのです。

まず作家である"私"を具体的なものいろとかたちの分身で表します。

"私"の名前やロゴを載せた名刺やタグ、アクセサリー台紙がそうです。"私"の作品のテクスチュアやライトモチーフをきちんと伝えます。そして"私"のお客さまとファーストコンタクトをしてくれるホームページやブログ、サイトの画面マーケットプレイスの作品画像にもアレンジします。

それを繰り返しながら「うまくいった」と感じたら、もっと効果的な方法を考えてみる。その毎日を続けましょう。

ロゴを使ったタグ
シール、ツールの
アイデアは087ページへ
→p.087

「うまくいかない」ことはいつでもやり直し それを お客さまの "共感" のきっかけにする

つくり方売り方をいくつか試してみても結果がでない
うまくいかない。多くの作家さんが実感していることです。
らせんのステップを逆戻りするように、それを始めた段階に
気持を戻して、うまくいかなかった経過や記録の画像を付けて
FacebookやTwitterなど多くの人に送れるサイトで反応を
みたりホームページやブログでやり直しへの意見をききます。
完成した作品を売るという作家の立場でなく、悩んでいる
"私"の思いを素直に伝えることで見る人の〝共感〟をさそい
やり直しへの意欲やアイデアをつかむきっかけになります。

昔のコンピュータゲームの
ピクセルを作品のデザインや
作家名にもアレンジした
pixelariumさんのタグや台紙
ツールたち。
http://pixelarium.blog.fc2.com/

そして つくりたい作品を "買う" お客さまが誰かを知っておく

"売れる" のものをつくるとは、自分のつくりたいものではなく、お客さまが欲しいと思うものをつくることという人がいます。プロダクトの商品ならそれは正論です。量産される数やそのコストを考えればなおさらのこと。でも、ハンドメイドの作品と作家の場合は違います。もしそれが自分のつくりたいものでなければ、作家としての意欲はダウンします。
どこか妥協した自分のほんとうの関心から離れたものなら、作品としての質や価値も下がりお客さまの "共感" は得られません。
もし儲けを目当てに、売れている流行のトレンドやキーワードを組み合わせたコンセプトでハンドメイドで作品をつくり、その結果、多くの売上になったとしても、買っていただいた人たちにどこか距離を感じる。「私がほんとに自分の作品を渡したかったお客さまとは違う」ビジネスでメーカーにデザインを提供している何人かのアクセサリー作家さんの言葉です。

ハンドメイドは、ひとつひとつものづくりをします。
つまりハンドメイド作家は、ひとつひとつの作品ごとに買ってくれるお客さまをさがしたり少数ごとにいくつも種類をつくり、どれがどんな場所で売れるか売れないかを確かめながら "売れる" ものを残し、バリエーションを自分のペースで増やしていくことができます。
プロダクツに比べ試作のコストは少なくて量産のリスクがないメリットがあります。そしてひとつひとつ違うものをつくる楽しみ "共感" してくれるお客さまをさがす冒険があります。

"つくりたいものを売りたい" という気持から お客さまを探す

ハンドメイドの "売れる" のものをつくるには、つくりたい作品ごとに "共感" してくれるお客さまが誰かを知ることが大切です。そのためのマーケティングの方法があります。

ハンドメイド作家だけの
「マーケティング」のメリットと方法

〝売れる〟ための方法として p.017 で「ブランディング」のことを書きました。
商品販売のプロが同じように使う言葉に「マーケティング」があります。
ハンドメイドの現場でいえば、ブランディングは〝売れる〟作家になるための方法。
マーケティングは作品を〝売る〟ための方法です。作品が買える市場＝マーケットを
つくり、より大きな市場に広げ、お客さま（になるかもしれない人）へ認知度の向上
つまり作品のことをよく知ってもらい、購入のきっかけをつくることです。
ハンドメイドの作品、アクセサリーや雑貨の現場は、手づくりブームの到来とよばれた
2000 年代中頃以来、10 余年の間に作家とお客さまを間をつなぎ〝売る〟ことを代行する
ショップのスタイルの進化、大小のイベントの全国各地の手づくり市の普及、ネットで
売買できるマーケットプレイスの登場で、作家たちは大きなメリットを手にしました。
ひとことでいうと、作品を〝売る〟マーケティングの作業をほとんど自分でしなくても
よくなりました。お店や業者が作業を代行し収益を得るビジネスが普及したからです。

お店や業者が作品を〝売る〟代行をしてくれる 機会をくれる

それでは、ハンドメイドは実際に以前より売れるようになったのでしょうか？
10 余年間の作家さんの声から感じるのは売れる売れないの〝格差〟の広がりです。
手づくりブームの到来の頃は、ハンドメイドというだけで売れ、価格も高めでした。
〝手創り市〟が各地で開催され、手づくり品を売る人が増えた頃から、売れればという
理由から価格を下げる、模倣でもいいから趣味の自作を売りたい「低価格 × 多数」の波が
広がる反面、人気の作家さんの登場や、いままでクラフトやアートで活動していた
作家さんたちが参入し「高価格 × 少数」のピンポイントが登場しました。
ブームの初まりといま、同じ手づくりの品を「いくらで買いますか？」ときいたとしたら
前より安い答えが多数です。でも、高価なのになかなか買えない作家さんも増えています。
格差の大きな理由はつくる作品の違い。もうひとつは、作品をどんな人が買ってくれるか
知っているか？どうかです。それを知る方法がマーケティングリサーチ＝市場調査です。
この〝リサーチ〟が大きな業者のイベントやマーケットプレイスで不足している部分です。
より多くの〝数〟の出展者、作品販売、閲覧者の獲得が収益であり、不特定のお客さまの
〝数〟の優先〝機械的〟な管理となり、ひとりひとりへのフォローは限られるからです。

〝私〟のお客さまを知るマーケットリサーチをしよう

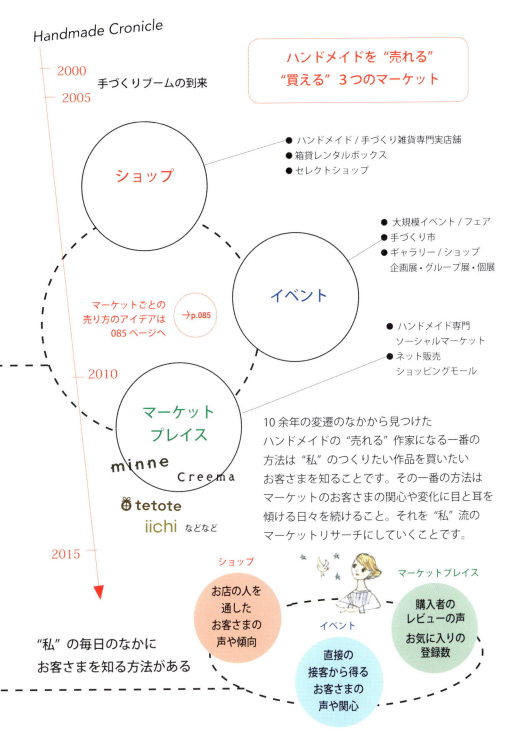

そして 利益の計算式から "私" がこれから

p.014 で儲けとは売上から材料費や経費を引いた利益のことと書きました。そして
儲けを次の作品のつくり方売り方さがしに使うことで利益がアップすると示しました。
どれだけ利益を出しているかを知り、これからつくり方売り方にどれほど投資をするか
決めるための計算式と便利なフォーマットを多くの作家さんの経験を聞き、つくりました。

利益の計算式

売上
春夏秋冬
3ヶ月ごとの
シーズン別の
個別売上集計が
ハンドメイドの
製作、販売の
サイクルと
合わせやすい

−

材料費

＋

マーケットごとの売るための費用
ショップ、イベント
マーケットプレイスごとに
大きく異なる経費を確認し
ベストの売り場所を選ぶ

＋

"私" の収入
作品づくり、販売のための
準備や作業、お客さまへの
アフターサービスなど
使った時間、作業への対価

＋

諸経費

個人事業者として税務署に
ハンドメイドの "開業" を申請
確定申告で経費を必要費用として
認めてもらえれば、納税額から
一定の控除が受けられます。

ハンドメイド作家の
税金の基礎知識は
130 ページへ

つくるため 売るために使える予算を決める

ショップでの費用
- 委託の場合 30～50%程度の販売手数料
- 買取の場合卸率 40～60%程度
- 箱貸の場合月額千～3千円程度 ＋10～20%程度の販売手数料
- 納品返品時の送料、交通費
- 支払清算時の振込手数料など

イベントでの費用
- イベントの出展料、ブース代
- 什器、機材などのレンタル料
- ラッピング、ディスプレイ費用
- 搬入搬出時の梱包、送料
- 会場への交通費、宿泊費など

マーケットプレイスでの費用
- 数～20%程度の販売手数料
- 支払清算時の振込手数料
- 作品発送時の送料
- ラッピング、梱包経費など

▶ ハンドメイドを仕事にしたいなら賃金を設定
アルバイトの時給などを参考に作品の製作、イベントでの販売、マーケットプレイスへの出品、発送など作業時間分を試算する

- 製作に関わる備品、道具代
- ノベルティ、告知ツール、DM代
- 試作作品製作費用
- 通信費、郵送料、光熱費
- 事務用品、資料代など

例えば 試算してみると…

販売価格3千円
アクセサリー30点を販売したら

設定例　材料原価30%　完売までの期間3月
　　　　時給千円×一点製作30分／諸経費5%

■ 委託ショップの場合
設定例　委託掛け率60%
　　　　お店に直接納品清算で交通費片道500円

売上	3,000×30点	90,000
材料原価	30%	－27,000
販売手数料	40%	－36,000
賃金	500×30点	－15,000
交通費往復		－1,000
諸経費	5%	－4,500
利益		6,500

＝ 利益

■ マーケットプレイスの場合
設定例　成約時販売手数料20%／振込手数料262円
　　　　ゆうメール（150g以内）送料180円
　　　　ラッピング、梱包材50円
　　　　時給千円×一点あたり登録～発送15分

売上	3,000×30点	90,000
材料原価	30%	－27,000
販売手数料	20%	－18,000
賃金	500×30点	－15,000
振込手数料	262×3月	－786
送料	180×30点	－5,400
ラッピング、梱包材	50×30点	－1,500
出品登録～発送賃金	250×30点	－7,500
諸経費	5%	－4,500
利益		10,314

p.090 に"イベント"試算例もあります

利益を簡単に計算 試算できるフォーマットがあります

それぞれ費用を
書き入れて試算
無理のないプランと
実感できるまで
書き直しできる
鉛筆、シャープを
使いましょう

費用を設定し、実際に計算してみると
「思ったよりも利益が少ない」
「マーケットごとにこんな違う」など
意外な発見や実感をつかむことが
できます。目的の利益や
自分の賃金など "鍵" の
金額を前提に節約できる
費用や製作にかける時間
割愛できる作業を考え
もう一度、試算をします。

"つくりたいものつくる" 満足感
"納得できるもの" が生む可能性も
自分の賃金にトッピングしてみる

目的の利益や売りやすい販売価格を前提にして
試算をしてみると、自分への賃金が希望より
少ない時は "私" がハンドメイドしたものを
売りたい人に渡すことの "幸せ" の分を
無理のない範囲の調整額として差引します。
特にお気に入りの納得の作品、お客さまの
反応を見てみたいものなど、次の利益の
アップへのきっかけに販売価格を優先して
トライをしてみたい時は、その判断、冒険も
ハンドメイドをする "幸せ" につながります。

利益の計算 試算ができる
フォーマットをいますぐ
PDFでさしあげます

presented by くりくり編集室

利益の計算用紙は
132 ページへ →p.132

それでは ページを開けて
"私" のアクセサリー
　ハンドメイドの "売れる" かたち
つくり方 探しに出かけよう

いくつものアクセサリーをつくり
販売を経験してきている作家さんも
これからアクセサリーづくりを
始めようとしている人も
これからつくるものは
「私の定番にする」という発想、方法で
使える時間を大切にして
作品づくり してみよう。

2

"売れる" オリジナルアクセサリーをつくる方法とアイデア

- "定番" へのものづくり　P.033
- お客さまのタイプ別 3つの"定番"へ　P.046
- オリジナルのアクセサリーをつくる 4つのテーマとアイデア　P.051
- レジン / プラバン　P.052
- クレイ　P.060
- 刺繍　P.066
- フェルト　P.070
- ソーイング　P.076
- クラフト　P.080

"売れる" オリジナルアクセサリーをつくる方法とアイデア / P.033

むかし旅先で手にした時は
気付かなかった
新しいアクセサリーへの
ひらめきのサイン

いつも
"定番"をつくろう
という気持
発想で
アクセサリーを
つくる

ものづくりを始めてから 手にしてきたもの
アクセサリーへの突然のひらめきをくれた 素材やパーツ
手のなか 指先でうまれた いろとかたちのかけらたち
それを目にし 手にすることで "私" のなかで生まれる
アイデアと思いを 新しい作品に

作例制作 / 素材提供　take a nap 8718 さん

以前の "私" にはつくれなかった
アンティークのコレクション
ハンドメイドの経験を重ねた いまなら
つくれるかもしれないヒントのかたち

ジュエリーや服飾作家の現場
アトリエや工房の方法を

アトリエ箱のつくり方

道具・材料 / 不用の紙箱、厚紙、はさみ
両面テープ、カッター、定規

箱の内容も
不用の紙をカット。
ラベルにして表示。

①

不用の紙箱や厚紙を
ストックしておきます。

②

つくりたい仕切りの
位置にあてて長さと高さを
決めて厚紙を切ります。

収納したい素材に合わせて
大小の仕切りを自由にレイアウト。
両面テープの部分をはがして修正も簡単。

③

仕切りのかたちに
厚紙を折り曲げます。
折り目にカッターで
軽くひいておくと
きれいに折れます。

④

両面テープで仕切りの
底をとめて⊥のかたちに
してから箱の希望の
位置に接着します。

作品づくりの素材やパーツ、生地など
平面のものはスクラップブックの
"見本帖"にすると便利。そしてきれい。

アクセサリーや雑貨づくりに一番近い
プロとは誰でしょう？
それはジュエリーや工芸品の職人
服や帽子、絵や美術の作家たちです。
彼らは、それぞれの長い歴史のなかで得た
技術の習得、創作への発想の方法"メソッド"を
学校や師弟関係から学びます。
アクセサリーづくりにもその"メソッド"を
活かしてみましょう。
目からうろこ。いままでできなった新作
"定番"づくりへのステップが見えてきます。

アクセサリーづくりの "私"の部屋に取り入れる

モチーフやリボン、レースなど
質感や両面のデザインを確認したいもの
立体のものは100円ショップで買える
円形のキーホルダーなどでまとめます。

糊づけは
しない。

マスキングテープで
ページにとめておくと
はずしてあててみたり自由に
見本が比べられて便利。
テープは塗装用の養生テープが
安くてベージュで目だちません。

購入先や
価格、品番
購入時期、素材など
見本帖のページや
カードに
記録します

素材とカードは
ホッチキスでとめます。
時間がかからず
取りはずしもできます。

完成写真だけでなく素材や作成の記録。販売の様子や関わった人々や購入いただいたお客さま、
作品にかかわる記録や資料もスクラップノートに。アクセサリー作家の旅の航海日誌のように。

ジュエリーや工芸品の職人たちの工房、服飾や美術の多くの作家たちのアトリエには
道具や素材、習作が壁や部屋、作業台のあちこちに目にみえるようアレンジされています。
使いたい時すぐ手に取れるだけでなく、つくりたいものを思い浮かべるきっかけとして
イメージするためのモチーフを見て比べられるように、そこにならんでいるのです。
ハンドメイドの現場も同じ。素材を分かりやすく保管する実用をかねて、ノートのページ、
箱のなかに "私" のちいさなアトリエをつくりましょう。
アイデアを探す時に限らず、スクラッピングする時間、ぼんやりページをながめる
ひとときのなかに、次の新作、そして "定番" へのヒントが浮かんできます。

スクラッピングの時間もかかかず
いつでもいままでの作品がチェックできる
自分のための "備忘録" としても便利。

"私" の見本帖が
ネットのなかにあれば……

紙のページでなく Facebook や
Instagram などネットのページで
私も誰でもいつでも自由に見れる
見本帖にすれば作家との交流や
ものづくり、販売チャンスの
広がり、お客さまを見つける
きっかけ、リピーターや上客への
関係づくりに活用できます。

"売れる" オリジナルアクセサリーをつくる方法とアイデア / p.037

素材や
モチーフをながめ
手にすることは
イメージを具体的に
描くヒントに
なります

ものづくりは
スケッチから始まる
ということ

アクセサリーづくりのための
私の作品スケッチ用紙を提供
132ページへ　→ p.132

ジュエリーや服のデザイナーの
作家としての評価はデザイン画にある
といわれます。それに素材や技法の
知識が加わることで "売れる" 作品が
生まれます。美術の作家でも基本は
観察とデッサン力です。
ハンドメイドでは素材や技法への
関心は多数派でもスケッチから始めて
作品づくりをしている人はとても少数。
他の歴史の長いものづくりの作家や職人
デザインの現場から見るととても
意外なことです。
でも、ここにハンドメイドのアクセサリー
手づくりの作家として
お客さまからの
関心と評価を
つかみ
"売れる" 作品を
つくるための
鍵があります。

それでは
ページを開けてスケッチのレッスンへ ▶

描くことは苦手。イメージが浮かんだらすぐ道具と素材を
手にした方が楽という人が多いはず。つくる現場でその気持と
勢いはとても大切。でも"定番"にできる新作を考えたいなら
スケッチの時間がおすすめ。それは経験と結果を重ねてきた
いままでの"私"と、いままでにない発想と作品をさがす
"私"との出会いの時間。スケッチはその記録です。
絵にしたものをそのままつくる必要はありません。
新作をつくる現場でスケッチに目をやること。それはいままでと
これからの"私"と、いま道具と素材を手にしている"私"との
イメージの交換です。その時の気持や勢いでつくってきた
いままでの作品にはなかったイメージの重なり、広がりを
つかむことができます。

絵が苦手でも大丈夫
スケッチのかたちは
ひとりひとり みんな違う

▼

コラージュでスケッチ

実物は手元にない
素材やモチーフでも
プリントアウトや
コピーを切り抜き
コラージュ。

マスキングやメンディングテープで位置をいろいろ変えて
完成のすがたをイメージ。

ことばでスケッチ

デザインも未定。
素材選びもこれから。
でもこんなイメージ。
こんな名前の作品を
つくりたい。気持や
発想をそのまま
文字にすることから
始めます。

アトリエの見本帖にテープでとめた素材をはがして重ねたり
パーツをのせてみたり。即興のイメージのコラージュ。

"売れる" オリジナルアクセサリーをつくる方法とアイデア / P.039

アイデアが浮かばない時は…

オリジナルの作品をつくりたい。でも既存のものや誰かの作品に似てしまう。模倣品？と思われるのが悲しい。スケッチはそれを防ぎます。でもオリジナルのイメージが浮かばないなら、絵の習作のように模写のスケッチから始めてかまいません。

他の作家さんの作品でも "私" がそれを好きになったポイント、"共感" した部分を "私" の絵にしてみます。

その時、気になった作品とは異なるモチーフやすがた、素材で同じ思いを感じるものを探して試しに絵にしてみます。描いては消してその作業を "らせん" のように繰り返し「好きかも…」というすがたかたちがスケッチ用紙の上に現れたなら "私" のオリジナルの作品づくりの始まりです。

くりくりの本「1000の雑貨」シリーズのページから。作家さんの作品をながめ知ることもオリジナル作品へのきっかけです。

国内は没後50年。海外は第2次大戦の戦勝、敗戦国など著作権の期間はそれぞれ。ネットのキーワード検索で調べます。スイスの絵本作家クライドルフや「星の王子さま」「不思議の国のアリス」の挿絵も自由にアレンジできます。

好きなもの 気になるものを オリジナルの すがた かたちに スケッチ

クライドルフの絵本のページ 花の人物たちを模写から始めて アートフラワー、レースを 素材にオリジナルのブローチを スケッチしたもの。

好きな物語や絵本の世界、登場人物たちをモチーフにしてアクセサリーをつくりたいなら著作権が切れていれば大丈夫。作者や挿絵家の没年からその無効を確認し、スケッチにそのすがたを写して、オリジナルの作品へのスケッチを重ねていきましょう。

いろとかたちを見る
すがた 仕組みを知る

作品にアレンジしたい
モチーフの部位、パーツのいろとかたち
全体をつくるための
組み合わせをスケッチしながら
観察します。

仕上げの
プランを
スケッチ

写真や絵など平面の
資料からどんな立体の
作品がすてきなるか
スケッチ。

見えない
部分を
イメージ
スケッチ

見本帖や
モチーフのサンプルと
つくりたい作品の
スケッチを比べて
どんな素材でつくるか
手と指で確認します。

仕上げやデコレーションの
パーツやビーズも実際の
素材にあてて完成を実感。

平面のスケッチから立体にする時、モチーフの素材感やボリューム
立体のすがた かたちの仕組みを知ってつくることがお客さまの評価と
"売れる"作品づくりにつながります。
スケッチをすることで知り表現する方法を見つけます。

お客さまとコラボという方法も……

まだ完成していない作品。これからつくるかもしれない
作品のスケッチも Facebook や Instagram などにのせて
意見を聞いたり "いいね" の反応から、まだ見ぬ作品を
いっしょにつくるお客さま(になるかもしれない人)と
コラボレーションの関係をつくります。

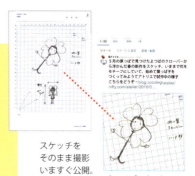

スケッチを
そのまま撮影
いますぐ公開。

"売れる" オリジナルアクセサリーをつくる方法とアイデア / p.041

スケッチから
サンプルへ

スケッチでは表現できなかったイメージ素材もサンプルづくりのテーブルに。

スケッチを重ねてこのすがた かたちで "私" の新しいアクセサリーをつくりたいと感じたらスケッチは終了。
スケッチを描く途中で参考にした資料やモチーフもいっしょにテーブルのうえにおいて。
　　　　さあ 試作のサンプルづくり
　　　　　始めましょう。

スケッチに試作の途中のメモを加えたものを "仕様書" として今後のために保管します

サンプルづくりに使った素材や材料原価などつくりながらメモに記入

それでは
サンプルの試作の
ページへ

新作のサンプルを試作する

試作とは、服の作家たちが"仮縫い"で着ごこちを確かめるように素材やパーツの選択、サイズやテクスチュアがこれでよいか？お客さまへの"商品"として価値があるものか？そして"私"が自信を持って売れるかを決める大切なステップです。

基本のパーツ素材やかたちの候補がいくつかあれば実際に用意。"仮づくり"でどれがよいか比べます。

素材の"くせ"やボリューム感を実際に確かめます。

仮づくりのアクセサリーを実際につけてみて大きさ バランス つけ心地をチェック

グルーガンや両面テープは布やさまざまな素材の作品の"仮づくり"に便利。
グルーガンの先端の部分をあてれば接着した部分をふたたびはがせます。

"売れる" オリジナルアクセサリーをつくる方法とアイデア / P.043

透明なビニール板は素材感がなく試作のベース部分におすすめ。
0.3mm 〜 0.5mm 程度がはさみのカットや穴あけもしやすい。

手持ちの素材で かんたん試作 アイデア

少数の試作のために材料をすべて用意するのは
お金と時間のロス。できるだけ身近なもので代用。
切り貼りやかんたん作業で時間もかけず新作の
イメージをいくつかの試作を比較しつかみます。

ピアス / ペンダントヘッド

① 新作の鍵のモチーフやパーツをテープの上にアレンジ。位置を決め固定します。

②

試作に適切な留め具がない時
透明のビニール板を実際と
近い大きさにカットして代用。
強力タイプの両面テープを
貼りつけます。

③ 試作を確認。「これでOK」と決めたかたちの材料を購入。作品をつくります。

④

ブローチ

① ②

スケッチの
イメージにぴったりの
セッティング金具が
ない時はワイヤーなどを
代用素材で近いかたちに。

③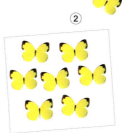

デコレーションのパーツもイメージに近い
画像を希望のサイズにコピーやプリントアウト。
切り貼りで近いすがたを試作。

試作の結果を元に金具や
デコレーションの材料を購入。
作品づくり。

リング

① 　② 　③ 　④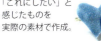

ブローチと同じように
ワイヤーなどの素材で
リングのかたちに。
スケッチのイメージに
合わせて彩色。

強力タイプの両面テープで
位置を決めて貼り付け。

いろんないろとかたちを
"工作" の方法で自由に試作。
「これにしたい」と
感じたものを
実際の素材で作成。

モチーフパーツもビニール板など
簡単にカットできる素材に造形。
つくりたい素材感に合わせ彩色したり、ラメを塗ったり。

サンプルから生まれる 3つの "商品" のかたち

スケッチとサンプルの試作を重ねて生まれたハンドメイドの作品。"私" の新しいアクセサリー。
"私" のオリジナルブランドの新作をもっと多くのお客さまに "売れる" ためのアイデア。
スケッチと試作のコンセプトを共通に3つ "商品" をつくり マーケットに合わせて "売る" 方法。
服飾業界のオートクチュールからリアルクローズ、セカンドラインへの広がりから学ぶ
ブランディングとマーケティング、上手な売り方の方法です。

基本のかたちと その バリエーション

B asic

モチーフにする
花の種類、いろ
表情を変えて
同じ花の
世界に住む
仲間のよう。

ブローチ
スタンドを兼ねた
人形が踊るステージ。
バリエーションを
コレクションして
ならべてみたい
購入動機を演出。

基本は手足が
自由に曲がる
ポーズ人形
ブローチ。

いままでの "私" のハンドメイドの手法
使いなれた素材の知識を活かしてつくった
基本のかたち。素材感はそのままにいろや
かたち、用途をアレンジしアクセサリーの
バリエーションをつくります。

手足だけでなく
茎の体も自由に
曲がるよう変更。
金具につけて
イヤーカフに。

大きくしたり ちいさくしたり

かたちや 用途を変えて みたり

頭の部分はそのまま。手も動ける
ワイヤー素材はそのまま。シンプルに
ミニチュアサイズに
変えてリングに
アレンジ。

シンプル＆エッセンス

A

たとえば基本のかたちのテーマにした"顔のある花"の部分だけシンプルに表現。材料も多数、安価に仕入できるもの短時間でつくりやすい。多数のお客さまが買いやすいバリエーション。

ポイントとなるパーツの配置組み合わせなど時間をかけずにオリジナリティひとつひとつの違いを表現。

アメリカンフラワーの方法での制作例。作品のテーマにあった"量産"の方法を自分らしいスタイルにして取り入れます。

"切る""貼る""塗る""巻く"などかんたんな方法で作成。

注文、入手しやすく欠品や在庫切れの心配のない材料。

オリジナルのテーマとデザインを守りながらつくる行程もシンプルに。短時間でいくつもまとめて制作。

まとめて作品をつくるための工程表のフォーマットは050 ページへ　→p.050

オプショナル＆アレンジ

C

巻きバラの作例。半完成の材料を使わず手作業で。

アンティークやヴィンテージの素材も活用。

材料探しから仕上げまで、お客さまに"あなただけに"の思いを表現。

ビーズや糸の刺繍での作例。丁寧に時間をかけた表現を作品の価値に。

基本のかたちの作品を上客やリピーター向け注文客などのお客さまをイメージしながら自分のハンドメイドの手法と技術を充分に活かしたもの。ヴィンテージの素材や一点ごとの表現も変えて、個展、グループ展などへの"私"の世界でひとつの作品として出品できるもの。

お客さまのタイプ別の3つの"定番"へ

"私"の新しい定番にしたい基本作品をもとに試作した3つのバリエーション。それぞれ別の3つのお客さまのグループ別に向いた"定番"として、つくり方 売り方ができます。

A

シンプル＆エッセンス

不特定多数のターゲットが気軽に買える
"はじめて"のお客さまへの案内役

- 材料は入手しやすいパーツ、素材
- 製作時間は短め
- 価格は安価/バーゲンなど対応可能
- 外部への製作依頼で"量産"も可能

画像で実物がイメージできる
素材とかたち。安価な価格で
ネットからも気軽に購入可能。

B
asic

基本のバリエーション

お客さまそれぞれのアクセサリーの用途
希望に合わせ選べるアレンジメニュー

- 材料は基本作品と同じテイスト
- 製作時間も基本作品と同程度
- 基本作品の周辺価格
- 基本作品の比較商品とし並行販売

「ブローチはしないけど
ピアスなら」「別色だったら」
など購入の動機を広げます。

C

オプショナル＆アレンジ

特定のお客さま、上客へのアプローチ
リピーターからお得意さまへの誘導役

- ヴィテージなど稀少価値を感じる材料
- 満足できるまで時間をかけ製作
- 価格は高め/お客さまに渡したい金額
- "私"の創作として出展、注文製作など

サンプルからの注文受付
プレゼント用ラッピングなど
作品に加え付加価値を提供。

3つのマーケットごとに売れるタイプの傾向は違う

それぞれのマーケットごとに実際にはどんな作品が売れているか、どんな作品が利益が出やすいかからどのタイプの作品を中心に販売するか決めましょう。

ショップ

B

出品しやすい箱貸しや委託ショップは比較的"基本のバリエーション"が売りやすく、買取中心のセレクトショップやクラフト系のお店ではお客さまごとへの"オプショナル"な作品が販売されています。

イベント

C

自分で手売りできる大規模イベントには様々なお客さまが来場。各タイプをならべる出品がおすすめ。直接の接客で上客へアプローチの機会もつくれます。

マーケットプレイス

A

マーケットプレイスそれぞれの販売数の人気ランキングからどんな作品が特に売れているかチェック競合できる作品が売上につながります。

売り方 売り場所ごとのロゴやツールのテクニックは085ページへ →p.085

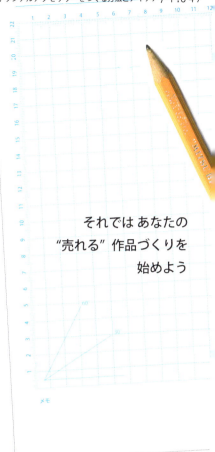

それではあなたの"売れる"作品づくりを始めよう

"定番"について知っておきたいハンドメイドの「2年の法則」

お店の商品で"定番"というとずっと変わらない品のこと。でもハンドメイドのアクセサリーでは同じ作品の人気が続くのは長くて2年間。多くの作家さんの結果です。模倣の広がりもありますがお客さまの「他の人と同じものはもういいかな」という気持が一番の理由。長く"定番"の作品をお店に出している作家さんは、実は「2年」より早めにマイナーチェンジをし、モチーフや素材を変えた"定番"で、作品名はそのまま続けるなど自分のつくり方売り方をしています。

もっと安く "コスト" を下げて つくることを

アクセサリーをつくるパーツや金具、材料を購入する仕入れをもっと安くができれば作品のお客さまへの価格を下げたり、自分の利益を増やすことができます。仕事としてものづくりをする時は "必要なもの 必要な数" を仕入れするという人もいます。それはプロダクツの発想で量産の商品を安定供給する、在庫リスクを減らすという点では正解。でもハンドメイドではお客さまの広がり、作品への評価をせまくするリスクもあるのです。

p.046 のお客さま別の３つの "定番" それぞれの
ベストの売り方と、仕入れのかたちがあります。

A シンプル＆エッセンス ---- ▶ 量産品のスタイルで
安定した仕入先から
安価でいつでも同じもの
必要数を仕入

マーケットプレイスなどで不特定多数のお客さまに
バリエーション豊富、品切れなし、早めに発送

B 基本のバリエーション ---- ▶ 表現の基本部分の材料は
安定した仕入先から
ひとつひとつの装飾や
違いの部分は少なくても
安価なら材料を仕入
ひとつひとつつくった
ハンドメイド感を演出

"私" の作品へのこだわり、基本のスタイルを
３つのマーケットそれぞれのお客さまに伝える

C オプショナル＆アレンジ ---- ▶ コンセプトを守りながら
希少なヴィンテージ
偶然見つけた少数限定
一点ものの仕入も効果的

お客さまひとりひとりのために素材や
パーツを選んだ価値を価格に変えて販売する

なにより、仕入についても一番大切なことは
"私" がつくること売ることと同じように
材料を探すことに楽しさ、面白さを感じてるか。
偶然、出会ったパーツが思ってもいなかった
作品をインスピレーションしてくれる刺激。
格安で見つけたパーツから作品を考える楽しさ
それがお客さまに "共感" され "売れる"
ものにつながります。大手の量販店であれ
偶然入ったお店であれ、材料の仕入先や価格
注意点など、次作のために記録しておきます。

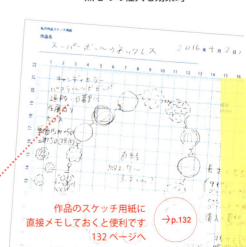

作品のスケッチ用紙に
直接メモしておくと便利です　→p.132
132 ページへ

もっと "売れる" 作品をつくるきっかけにする

材料の仕入先は、実物を選んで購入する "お店" と自宅で画像を見て選べる "インターネット" が基本です。東京や大阪の大都市圏に足を運べるなら専門の量販店小売りもしてくれる卸元が集まる問屋街がベストです。実物を見るということは、ほんとうの素材感、いろあい耐久性、お客さま目線のパーツのつけ心地、問題点もチェックできます。特に、問屋街は競合店をまわって「ここが一番安い」「こっちのかたちの方がいい」などもっとすてきな作品づくりのチェンスが広がります。

問屋街からネットまで
材料の仕入先、発注先は
121 ページへ
→p.121

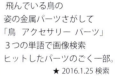

飛んでいる鳥の
姿の金属パーツさがして
「鳥 アクセサリー パーツ」
3つの単語で画像検索
ヒットしたパーツのごく一部。
★ 2016.1.25 検索
販売しているサイトを
チェックして価格や
在庫も比較できます。

行動範囲なら問屋街をチェックする

パーツや金具、材料を画像を選び注文できる "ネットショップ" には個人の運営サイト、量販店の通販サイト、問屋、卸元からも仕入できる会費制の卸売サイトまで様々。基本金具など画像で選んでも違いのない材料の購入には便利。まとめ買い割引や会員セールなどサービスも豊富。画面を見て「このパーツを使ってみたい」と思っても、最初は多数でなく少数のサンプルを購入。実物を見て追加するかどうかを決めます。

はじめての材料のネット購入は 最初はサンプルだけ

購入した材料が気にって「もっと欲しい」と思っても品切れでがっかりの時、ネットならその材料の特徴や素材のいくつかのキーワードから "画像検索" をして見ると、近いかたちもしかしたら同じものが探せます。問屋街でも卸しと小売りを兼ねたお店には、製造元から探せるプロもいます。ただし再注文になり、大量のまとめ買いが条件の場合があります。

"私" の仕入れ先は聞かれても秘密！ その効果とデメリット

「仕入れ先は財産」という言葉があります。手づくり雑貨のお店でも10年前、売上を左右する商品であった頃は、人気作家の管理でよくいわれた言葉。でもいま、様々なマーケットの広がりで自由にお客さまはものを探し、作家は自作を自由に売ることができます。自分が仕入れ先を隠したつもりでも買い占めやオリジナルでもないと、ネットの口コミ、キーワード検索、商品探しサイトへと情報は広がります。他の作家の作品が同じ材料でがっかりより材料の力ではなく自分のデザインやアイデアで "売れる" ものをつくる。"共感" を感じる作家どうしなら仕入れ先を共有、コラボレーションの気持でものづくりをする。その毎日をブログやTwitterで伝えることが新しいお客さまをつかむきっかけになります。

もっと短い時間でつくりたい
まとめて つくりたい時は

材料の仕入れを安くする他に、お客さまへの価格や利益を増やすには、自分の賃金の時給額を守りながらひとつの作品をつくる時間を短くする。いくつかの作品をいっしょにつくる。p.028 の利益の計算式を見るとよく分かります。工房や工場の "量産" の方法をハンドメイドにも取り入れる。それは意外に簡単。つくりたい作品のデザイン、素材やパーツの "仕様" を決めたら、いっしょにつくれるいくつかのステップを考え、それぞれの作業の方法や注意点をメモや絵にした工程表をつくります。この本ではそのフォーマットをPDF で提供します。

まとめて作品をつくるための
工程表のフォーマットは
132 ページへ →p.132

つくる行程を分ける
同じ道具や材料、方法を使う
単純な作業に区分けします

▼

何個つくるかを考える
販売分、在庫分など製作数を
決めて材料が間に合うか確認

▼

完成までの日数を設定
賃金の基準になる作業時間
乾燥など行程間の時間も計算

作品の生産ラインの作業台のつくり方

①
指先でも折り曲げが
しやすい不用の厚紙や
段ボールを用意。

②
ハサミでカットして
コの字型の "凸凹"
に折ります。紙が
厚いときは折り目に
カッターを薄くひきます。

③
凸のうえの部分に
作品を置く間隔を決め
両面テープを貼ります。

できればデザインや仕上げだけ自分の作業で、もっと多くの作品を売り場に出したい、サンプルを見せ注文を取る工房タイプの作家になりたいなど各工程の作業を他の人に分担したりできない部分を "工場" に発注する方法もあります。

不用な紙だから汚れても大丈夫。
パーツを固定したい時は両面テープや
接着面を外にして丸めたテープで仮留め。
ななめにしたい時は、紙の折り曲げや角度で調節します。

自分でデザインでたくさんつくれる
個人でもパーツや素材が工場発注できる窓口は
124 ページへ →p.124

オリジナルのアクセサリーをつくる
４つのテーマとアイデア

３年前『パーツからつくるアクセサリー』という
本を出して、たくさんの方に読んでいただき
多くの作家さんやこれからアクセサリーづくりを
始めたい人からも意見をいただきました。
本をつくった理由は既存のパーツではできない
自分らしい作品をつくりたい人が増えたかなという
実感からでしたが、返ってきたのは
「アクセサリーの作家としてブランドをつくりたい」
「イベントやマーケットプレイスでもっと売りたい」
などの積極的な声でした。
多くに共通するのは既存の作家作品にはない
"オリジナルの作品をつくりたい" でもその
"つくり方が答が見つからない" という気持。

大から小へ
小から大へ

平面から立体
立体から平面へ

二見書房より
全国書店で発売中。

それでは
ものづくりの基本のジャンルごとに
アイデアの実例をご紹介 ▶

樹脂、レジン、刺繍
フェルト、ソーイングなど
ものづくりの
基本ジャンルごとに
パーツからつくる
アイデアを紹介。

むかしから
いま
いまから
むかしへ

その答えはオリジナルの作風といわれた
人気の作家さんたちのアイデアやデザイン
そして、お客さまの反応のなかにありました。
個性的な表現、斬新な表現を与えるのではなく
日常のもの。お客さまが前から知っているものに
"分かりやすい" デフォルメ＝変形をくわえ
心に響くアクセントをあたえていること。
それらは大きくわけると４つのテーマへのアイデア
ひとりひとりのアプローチでした。

どうやって
？の
魔法

■ レジン / プラバン ■　技法指導 / うたうたう虹さん

平面のプラバンとレジンで
立体のアクセサリーをつくる

平面から立体
立体から平面へ

大から小へ
小から大へ

かたちや絵を簡単にちいさな平面の作品にできることで人気のプラバンをアレンジ
曲げたり立たせるパーツにすることでオリジナルのすがたかたちのアクセサリーがつくれます。

道具・材料 / プラバン、紙やすり、クレヨン、アクリル絵の具、はさみ、割り箸、アルミホイル
オーブンレンジ、接着剤　など

曲げる

マーガレット

① プラバンにクレヨンでりんかくと花の芯を描きます。

② 裏返して紙やすりを軽くかけてから、絵の具で花びらを塗ります。

③ 乾いたらにりんかくに合わせてカット。立体感が出るよう花に切りこみを入れておきます。

ビオラ

④ オーブンレンジに入れ1分ほど加熱。
まだやわらかいうちに、割り箸でまんなかをおさえ花びらを立たせます。

立てる

① 2枚のパーツに分け描きます。

② レンジから出しやわらかいうちに立体的になるよう押しつけます。

③ まんなかを接着剤または、レジンで固定します。

りんご

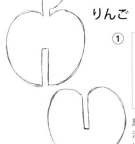

① 原画にそって油性ペンでいろを塗ります。

② カットしてから一度組み立ててみて大きさを調節します。

③ レンジで加熱。できた2つを組み合わせ接着剤、または、レジンで固定。

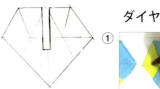

ダイヤ

①
原画にそって
油性ペンでいろを塗ります。

②

p.052 のりんごとおなじ方法で組み立て立体のかたちに。

立体のすがた かたちをつくる

①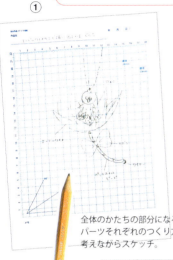

全体のかたちの部分になる
パーツそれぞれのつくり方も
考えながらスケッチ。

②

エーデルワイスのりんかくは
いろ鉛筆で、全体のいろは
アクリル絵の具で描きます。

③

レンジで加熱、やわらかい
うちにまんなかを押さえつつ
花のかたちに整えます。
熱いので素手では
さわらないように。

④

花の中心に穴をあけて
針金を差しレジンか
接着剤で固定します。

⑤

⑥

猫のパーツも作成。

つくりたいすがたに手足を花とおなじ
方法で曲げながらパーツを作成。金具用の
穴をピンバイスやドリルで開けます。

⑦

市販のペットボトルの平たい部分をカット。
厚さにより縮み方がちがうので細くしたい
時はうすめのペットボトルを使うこと。

⑧

クレヨン
絵の具などで
いろ塗り。

⑨

この作品では 2cm 四方くらいに
カットしました。

⑩

レンジに入れ丸まったところで取り出し。
加熱しすぎると再び広がってしまうので注意。

針金にビーズを通し
落ちないよう先を
曲げておきます。

■ レジン / プラバン ■

熱いうちに曲げたり、パーツを組み立てるアイデアで
いろんなかたちができるプラバンアクセサリー。
おなじ透明素材で人気のレジンも平面に固めるだけでなく
立体のものづくりの方法もいろいろ。

月のパーツはレンジで
ちいさくする前に
パンチなどで金具用の
穴を開けておきます。

パーツは切り込みで組み合せ。
それぞれ金具を通す穴開けは
スケッチの時に決めて
加熱前ならパンチなどで
加熱後ならピンバイスで。

まだやわらかいちに
足が曲がるよう箸や
ピンセットでくせ付け。

土星

それぞれ切り込みは
原画を描いておきます。

ヘッド部分はレジンを塗るか
接着剤で固めます。

リングの土台部分もプラバンでつくれます。
これは幅 15mm × 長さ 15cm にカットした
プラバンを加熱、やわらかいうちに丸い
かたちに整えました。

"売れる" オリジナルアクセサリーをつくる方法とアイデア / P.055

のせる / 重ねる

道具・材料 / コピー用紙、マスキングテープ
UV レジン、ドライフラワー、UV 照射機　など

① レジンを固めるちいさな
プールの型紙をつくります。

④

UV を照射します。
ある程度固まったら
型紙を取りはずし
再度照射。

⑤

つくったパーツどうしを
すこしずらしてアレンジ
レジンを塗って接着。

マスキングテープで
四隅を固定、さらに
内側をおおいます。

②

レジンを流し込み
ドライフラワーなど
なかに入れたいものを
アレンジ。

巻く

道具・材料 / クリアファイル、筆、アクリル絵の具
ソフトタイプの UV レジン　など

①

渦巻き状の下絵のうえにクリアファイルをのせ
ソフトタイプのレジンを全体に筆でうすく塗ります。

レジンで指輪の
台座に接着します。

②

③

いろづけが終わったら
UV を照射して固定
ファイルからはがします。

④

渦巻きの線に沿ってはさみでカット。
ギザギザがバラらしくなります。

下絵の線に沿っていろをつけます。

⑤

中心からくるくる巻いてバラのかたちに。
ところどころ接着剤で接着しながら固定。

⑥

最後の方は
できるだけ花びらに
角度をつけて接着
全体のバランスを整えます。

組み立てる

道具・材料 / 色鉛筆、アクリル絵の具、UVレジン、UV照射機

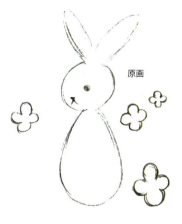

原画

① 色鉛筆などで描いた原画から、プラバン

ブローチ金具を裏に接着。完成です。

② デコレーションのパーツとしてお花たちも作成。いろんないろとかたち大きさを用意すると楽しそう。

③ レジンで花がうさぎの前後とまわりに重なよう立体の風景をイメージしながら配置。接着していきます。

奥行きのある額のなか厚紙などのパーツを組み合わせ正面から見ると立体に見えるシャドーブックスというハンドメイドのインテリアづくりがあります。
その方法をレジンやプラバンのアクセサリーづくりにアレンジ。
ひとりひとりの作品づくりに。

①
立体の風景のなかを遊ぶマスコットやキノコたち。p.053と同じようにプラバンでちいさな立体のすがたに加熱。

② 枝に配置、ひとつひとつレジンで照射しながら接着していきます。

③

枝は本物。ビスをさせばペンダントのヘッドにも。

枝の前後に配置。正面から見ると奥行き感が出ます。

■ レジン / プラバン ■

レジンとプラバンで
見たことのないアクセサリーをつくる

どうやって？の魔法

透明という2つの素材の共通点、プラバンのすがたかたちをそのままちいさく繊細にできる特性
レジンの水滴やしずくがそのまま固まる特性を活かして見たことのないアクセサリーをつくります。

水の断面

道具・材料／色鉛筆、クレヨン、アクリル絵の具、UVレジン
UV照射機、ピンセット、樹脂粘土　など

① プラバンでラッコを作成。おなかのところで上下にカット。

② 魚の貝のパーツを樹脂粘土で作成。絵の具で着色。

③ 紙で丸い枠をつくりそこへレジンを注ぎます。ラッコの上下の体の2つを用意します。

レジンはアクリル絵の具でうすく着色。

貝が浮かんだ水のなか魚が遊ぶ。

④ ラッコの上下をレジンのなかへ。

⑤ ピンセットで支えながらUV照射機へ。少し固まってきたらピンセットを離してOK。

⑥ 上下それぞれのパーツをレジンを塗って接着。もう一度UV照射機で固めて、出来あがり。

シルエットの重なり

道具・材料／プラバン
黒の油性ペン、穴あけパンチ　など

① スケッチをなぞって鳥かごのシルエットの原画を描きます。

②

③ この作品では上になる絵の裏に鳥を描いてみました。

同じ絵を2枚準備するしたり
上と下とでディテールを変えたり
どんなシルエットの重なりにするかデザイン。

④ 金具を通す部分にはあらかじめ穴をパンチなどで開けます。

⑤

固めてプラバンパーツができたらレンジで加熱。ちいさくなったら2枚を重ねレジンで接着。

"売れる" オリジナルアクセサリーをつくる方法とアイデア / P.059

特性を活かす

しずく

道具・材料 /UVレジン、UV照射機、ピアス金具、9ピン、クリアファイル、竹串

① 9ピンにUVレジンを少量つけて照射します。

② さらにレジンを少量つけ照射、という作業を繰り返します。

③ また繰り返し、希望のかたちまで整え、完成です。

プラバンの金魚のうえに水滴のようにレジンをたらすと。下にはクリアファイルをしきます。

つらら

① 9ピンを少しカーブさせたものにレジンを少量つける。

② UV照射機で固める。

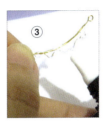
③ さらに少量つけ、たらしながらUV照射。その作業を繰り返す。

晴れた冬の朝の氷のつららのよう。

ミルククラウン

① 竹串でレジンを少量取りクリアファイルの上にリングを描きます。

② 固めたリングに水滴のように1粒ずつレジンをたらして照射。それを繰り返します。

③ リング下の部分も自然なまるいかたちになるようレジンで調整。

透明なミルククラウンリングが出来ました。

雨だれ

道具・材料 / テグス、クレヨン、UVレジン、UV照射機、穴あけパンチ、筆

① プラバンの原画を描きテグスを通す部分に穴を開けておきます。

② 加熱し作成したプラバンパーツの表面にレジンを筆で塗ります。

③ レジンを水滴のように何度か重ねて固めた雨だれをテグスでつなぎます。

■ クレイ ■ 技法指導 ③ p.118 atelier gumu さん

金属テイストのオリジナルパーツをつくる

すきなすがた かたちを使いたい大きさで真鍮パーツのようなオリジナルパーツをいくつもかんたん格安費用でつくれます。

原型をつくる

道具・材料 / 樹脂粘土、カッター、粗めのヤスリやペーパー、彫刻刀
めん棒、つま楊枝

① パーツにしたいかたちを絵に描いたり、写真を希望のサイズにコピーして準備。

②

パーツのかたちの外側の線に沿ってカッターで切り取ります。

③

樹脂粘土を適量とってめん棒などで平らに薄く2〜3mm程度に伸ばします。

④

薄く伸ばした粘土のうえに②で切り取った紙をのせて貼りつけます。

⑤

紙のふちに合わせカッターで粘土をカット。

⑥
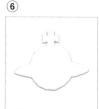
貼りつけた紙をはがしそのまま乾かします。

⑦

穴や切り抜きたい部分は乾く前につま楊枝などで開けておきます。

⑧

粘土が完全に乾いたらヤスリやペーパーでかたちを整えます。

⑨

かたちを整えた後で凹凸を出します。筋やライン、デティールの模様を彫刻刀などで表現します。

⑩

削りかすなどが残っていないか確認にしながら軽く布で拭いて完成です。

"売れる" オリジナルアクセサリーをつくる方法とアイデア / P.061

大から小へ
小から大へ

問屋やネットをさがしてもつくりたいアクセサリーに
ぴったりのパーツが見つからない、価格が高い。
それなら夜空の星からちいさな虫まですきな
すがた かたちを写してオリジナルの
パーツをつくります。

原型から〝型〟をおこす

ブルーミックスで
型取り作業をする前に
"原型"にシリコーン
スプレーを
しておきます。

道具・材料 / ブルーミックス、付属の計量スプーン
クリアファイル、シリコーンスプレー

付属の計量スプーンでブルーミックスを
同量の1:1の割合で取り出します。
★つくりたい大きさに合わせて分量を調整。

青と白の素材を
よく混ぜ合わせます。
★手袋を着用してください。

いろが均一になるまですばやく2つを混ぜ合わせます。
折って重ねていくようなイメージで練っていくと
上手にできます。

よく混ぜ合わせた
ブルーミックスをクリアファイルの上で
平らに伸ばします。

型を取りたい
面をうえにして
埋め込んでいきます。

ブルーミックスが硬化したら
原型をゆっくりはずすと型の出来あがり。

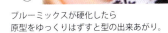

■ クレイ ■

道具・材料 / 樹脂粘土、シリコーンスプレー、ヘラ、接着剤
クリアファイル、カッター、ニッパー、9ピン
ブルーミックス

片面パーツをつくる

①
おこした型に
シリコーンスプレーを
吹き付けておきます。

②
型に合わせ樹脂粘土を取り分け
よく練った粘土を型にしっかり
詰めていきます。

③
ヘラ状のものや
ローラーなどで
面を平らに整えます。

余った粘土で型からていねいに取り外します。
粘土がやわらかいので端からめくるように
取ると外しやすい。

④

⑤
できたパーツを
クリアファイルやサランラップの
うえに置いてしっかり乾かします。

⑥
表面が乾いてきたくらいで
余分な粘土をカッターで
切り取っていきます。

⑦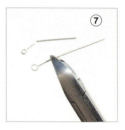
粘土の大きさに合わせ
9ピンを短く切っておきます。

⑧
短く切った9ピンに
接着剤をつけて挿しておきます。
★完全に乾く前に挿すのが
ポイントです。

⑨ 完全に乾いたらカッターやヤスリ、ペーパーなどで整え完成。
　★目などはっきりしない部分は、この時に再度彫ります。

つくりたい
パーツの用途ごとに
9ピンの挿す部分も
変えられます。

両面パーツをつくるには

① p.060と同じ方法で片面の原型をつくります。

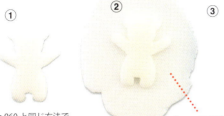

② 片面の原型がしっかり乾いたら伸ばして薄くした樹脂粘土に押し付けカッターで切り取っていきます。

③ 指でなじませ乾いたらヤスリで形を整え目や口、毛なみなど彫刻刀で掘り両面の原型が完成。

④ 出来た原型にシリコーンスプレーをしておきます。

⑤ p.061の片面型取りと同じ方法で原型の半分をブルーミックスに埋め込み。

⑥ やわらかいうちに先の丸いもので空いているところに穴をつくりそのまま硬化させます。

⑦ 片面の型取りが終わったらシリコーンスプレーをまんべんなく吹き付けます。

⑧ 原型のもう一方の面①〜③と同じ方法でブルーミックスで覆うように密着。型取りします。

⑨ ブルーミックスが硬化したら原型をゆっくり外すと両面取りの型の完成です。

⑩ 両面の型にシリコーンスプレーを吹きつけよく練った樹脂粘土をつめこみ両面の型でぎゅっと押します。

⑪ 型から丁寧に取り外しクリアファイルの上で表面が乾いてきたら余分な粘土を取り除きます。

⑫ p.060と同じように短く切った9ピンに接着剤を付け粘土に挿していきます。

⑬ まえ / うしろ

完全に乾いたらカッターやヤスリペーパーなどで表面を整えて完成。繰り返しパーツを量産します。

■ クレイ ■

金粉・銀粉

道具・材料 / 金粉または銀粉、アクリル絵の具のゴールドまたはシルバー
パレット、筆、ティッシュペーパー、ニス

金粉

銀粉

① 金粉の場合はアクリル絵の具のゴールドをパレットに出します。

② 銀粉の場合はアクリル絵の具のシルバーと混ぜて使用します。

③ 金粉とアクリル絵の具のゴールドを混ぜます。水は少量。面相筆が塗りやすくおすすめ。

④ 最初に9ピンの両面を塗っていきます。

⑤ 盛り過ぎてしまったらティッシュをこより状にし輪に通すように取ります。

⑥ 9ピン部分が乾いたら表面の塗りへ。アクリル絵の具は早く乾くので便利。

表

⑦ 乾いたら持っていた部分を塗ります。乾いたら裏面も同様に塗ります。

裏

乾いたら裏面も同様に塗ります。

完全に乾いたらニスを塗って出来あがり。

仕上剤いろいろ

マットニススプレー

デコパージュグロス

シルバーの
デコパージュグロス

水性ホビーカラー

水性ホビーカラーの
銅色カッパーで塗り
マットニス仕上げ

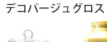

メタルシート

道具・材料 / 金、銀など希望のメタルシート、竹串、カッター

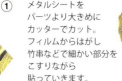
① メタルシートをパーツより大きめにカッターでカット。フィルムからはがし竹串などで細かい部分をこすりながら貼っていきます。

② パーツより3mm位大き目にカットして裏面に折りこみなじませます。

③ 裏面も表面同様にシートをなじませ貼ってぴったりカット。

④ 両面貼れたら出来あがり。

"売れる" オリジナルアクセサリーをつくる方法とアイデア / P.065

金・銀スプレー塗装

道具・材料 / 金か銀の金属風仕上げカラースプレー
楊枝・発泡スチロールのブロック

ホビー用
金・銀スプレー

① 完全に乾いたパーツを
クリップなどではさんで
最初に9ピンを塗ります。

② ひっくり返して
両面を塗り
このままで乾かします。

③ 9ピンの部分が
乾いたら楊枝に
ピン部分を通し
裏面を
スプレーで
塗装。

④ 発泡スチロールなどに
楊枝をさして乾かします。

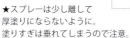

⑤ 完全に乾いたらひっくり
返して表面を塗ります。
★スプレーは少し離して
厚塗りにならないように。
塗りすぎは垂れてしまうので注意。

⑥ 裏面同様乾かします。

銀スプレーの仕上げ

金古美風塗装

①

道具・材料 / アクリル絵の具セピア
てぬぐい

金・銀スプレーで
塗装したものに
アクリル絵の具の
セピアで
金古美風に塗装。

②

乾いた布に
絵の具を少量取り
パーツに軽く
こすりつけます。

③

表・裏・側面とピン全てに軽くポンポン
たたいたりこすってイメージに近づけます。

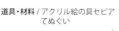

ブラスのテイスト
"私"のオリジナル
アクセサリー

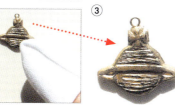
銀古美風仕上げ

■ 刺繍　■　技法指導　p.116 MOOROOM さん

初心者でもかんたんステッチで
刺繍アクセサリーをつくる

知識や経験がないと難しいと思いがちな
刺繍の作品づくり。基本のステッチだけで
かんたんにものづくり。むかしの挿絵や
絵画は、すてきな作品のモチーフの宝箱。

むかしから
いま
いまから
むかしへ

大から小へ
小から大へ

①

写したものを糸で描く

刺繍にしたい図案や絵を
布に写す時は水で消えるチャコペンが便利。
図案を鉛筆などでトレーシングペーパーに写し
そのまま布に置いてペーパーの
上からチョコペンをなぞると
布にそのまま線が写ります。

コピーやプリントアウトで拡大縮小。
希望の大きさの図案を決めて写します。

布に写ったチョコペンの図案に
絵を描くように
ストレートステッチで糸を刺し
線とかたちを表現していきます。

②

かんたん
ステッチ

ストレートステッチ
繊細な直線を糸で描く時に使います。

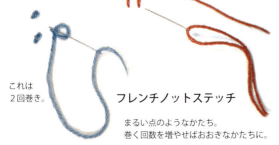

これは
2回巻き。

フレンチノットステッチ
まるい点のようなかたち。
巻く回数を増やせばおおきなかたちに。

③

刺繍が終わったら
布を水に浸けると
チャコペンのインクが
消えます。
その後、乾かします。

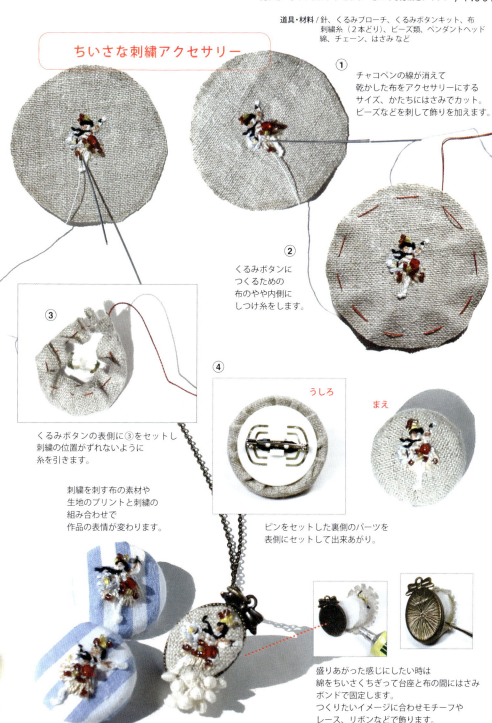

■ 刺繍 ■

おおきな刺繍アクセサリー

① つくりたい大きさにした図案をトレーシングペーパーに写します。

道具・材料／針、布、刺繍用毛糸、ビーズ、絹手縫い糸
革、フェルトシート、造花　など

② 刺繍を刺す布にトレーシングペーパーをしつけ糸で縫いとめます。

③ 太い毛糸をストレートステッチで直接図案に刺していきます。
★花束など細糸で刺す部分は残します。

④ トレーシングペーパーをピンセットで取のぞきます。

⑤ 花束部分を細い絹糸のフレンチノットステッチで糸で目、口、腕輪を刺しビーズなどで飾ります。
つくりたいブローチのかたちに布を切ります。

⑥

革やフェルトシートにピンを縫いつける糸は革かピンに近いいろがおすすめ。

⑦

⑥を接着剤で貼りつけます。
はみ出している革やフェルトの部分があればカットします。

太い毛糸の刺繍の大きなブローチが出来ました。
原画の「踊り子」と同じポーズ
花束をもらって踊っているオリジナルのポーズもつくりました。

平面から立体 立体から平面へ

欧米では立体刺繍、スタンプワークがとても人気。花や虫など伝統の図案 立体の表現も既存の方法にこだわらず意外なモチーフと造形のアイデアを ひとりひとり"私"のつくりたいものにぴったりのオリジナルを探します。

立体の刺繍アクセサリー

道具・材料 / 針、布、針金、タッセル 刺繍用毛糸、ビーズ、リボン 絹手縫い糸、接着芯、とめ具、 カニカン、アジャスター など

ドガの「踊り子」が 稽古場を離れて花園へ。 平面から立体の世界へ抜け出した イメージで立体にする方法をプラン。 刺繍のデザイン、つくり方をスケッチ。

部分のパーツをつくる

① 上半身の前と後の図案を描いたトレーシングペーパーを布に縫いとめ毛糸で刺繍。

② ペーパーをピンセットで取りのぞき目、口をストレートステッチ。ビーズを縫いつけます。

体を立体でする支えの針金を糸で縫いつけます。

③ 二つ折りして髪の毛部分にタッセルをはさみ、周囲を同じいろの毛糸で綴じます。

④ 丸く切った布とそれよりもちいさい丸く切った綿を②の針金に刺します。

⑤ 腰回りからスカート部分をストレートステッチで刺繍。ある程度刺したら針金を台座に突き刺しL字型に折ります。

立体にする

⑥ スカートと台座がつながっていくように刺繍を広げていきます。リボンなどポイントを付けます。

⑦ 刺繍部分が出来あがったら接着芯を貼った裏地と縫い合わせます。

⑧ 一方はカニカン 一方はアジャスターをつけとめ具で両端を固定します。

■ フェルト ■ 技法指導　p.120 猫毛フェルター蔦谷Kさん

フェルトで基本のパーツをつくる

大から小へ
小から大へ

ニードルフェルトの方法でかたちを表現する方法を組み合わせつくってみたいちいさなモチーフに。パーツやいろんなすがた かたちのアクセサリーをつくります。

道具・材料 / フェルト、フェルティングニードル、フェルティグマット、ボンド、はさみ、楊枝 など

くぼみ

① フェルトボールの1点を線状に刺します。

② まっすぐ1本の細い線でくぼませます。

③ どんどんくぼませるとこんなかたち。

5か所をぐるりくぼませると梅の花のかたち。

④ くぼみの位置をアレッジ。猫の手みたいなかたち。

違ういろのフェルトを刺して肉球のように。

とんがり

① フェルトを少量三角に折りたたみます。

② マットのうえで刺し固めてとんがりに。

③ 先を指でつまんで固く刺していきます。
★指を刺さないよう注意。

④ 反対側は刺し固めないでふわふわのままにしておきます。

⑤ 反対側を指で広げボールにのせます。

⑥ ふわふわ部分を刺してとんがりをボールに留めます。

⑦ しずくのかたちに。とんがりの根元をさらに深く刺し境界をくっきりさせるとツノのように。ツノをいくつも付けるとコンペイトウのかたちに。

いろんないろのコンペイトウフェルト。

とんがりを2つつけると猫の顔。とんがりとくぼみを組み合わせるとハートのかたち。

毛糸を使って

①

中心にする毛糸を1本マットにのせます。

② ③

半分から手前に直角に別の毛糸を8〜10回つくりたい葉っぱより幅広に折りたたみのせます。

④ はさみで葉っぱのかたちに両面をカット。

最初の糸にニードルを差し込み軽く引いてまっすぐにしながらのせた毛糸をはさむように、向こう半分の毛糸を折り重ねます。毛糸を何度も差し込み、しっかり固定。葉っぱの軸になる部分も固くなるまでしっかり刺します。

⑥ 花に付けると……

"売れる" オリジナルアクセサリーをつくる方法とアイデア / P.071

フェルトの植毛

① 土台を刺し固めておきます。植毛するフェルトはふわふわ毛の流れを平行に整えておきます。

② ふわふわフェルトをのせて1本の線になるよう刺し始めます。

③ 深く差し込むと立ちあがってきます。

④ 適当な間隔を開け最初に刺した線に平行になるように差し込み、面積を広げます。

⑤ 最後に指先で毛なみを整えます。

⑥ つくりたい長さにカットします。

⑦ 直角にカット切り口がくっきり。

⑧ 毛と平行にはさみを入れて細かく切ると自然な感じに。

毛糸の植毛

① 毛糸を差しこめば植毛できます。

② よれた毛糸がひっぱられて縮れた感じになります。

③ ボールの上にぐるりと一周刺すとお花のイメージに。

毛糸をカットするとヒメジョオンの花のよう。

グラデーション

① 毛の流れを整えグラデーションの中心にしたい部分に十文字にのせます。

② 十文字の中心をしっかり差しこみます。

③ 周囲を差しこんでいきます。

④ グラデーションを付けたい面積に合わせてカットします。

⑤ 毛先が重ならずばらけて徐々にうすくなるよう差し込んでいきます。

グラデーションのりんごのいろあい。

埋め込み

① 土台を刺して、埋め込むものの大きさのくぼみをつくります。

② 深さや大きさを確認。埋め込みたいものを入れて調整します。

③ くぼみのなかにボンドを入れます。

④ 楊枝を穴に刺してくぼみに入れます。指先や素材にボンドがつかずにきれいに作業できます。

埋め込んだものを部分的に覆いたい時は少量の羊毛を指先でまとめておきます。

⑤

⑥ 埋め込んだものの一部を覆う時は羊毛をかぶせ周囲を刺し留めます。

横から見ると……

ウッドビーズを埋め込んだうさぎの目。

■ フェルト ■

道具・材料／フェルト、フェルティングニードル、フェルティグマット、カッティングマット、アイロン
アクセサリー金具、縫い針、テグス、ボンド、はさみ　など

基本パーツをアレンジ　組み合わせる

愛猫のすがたや
ディテールをよく観察
写真も参考に
フェルトで
オリジナルの
アクセサリーを
つくってみると……

①

p.070～071のフェルトの手法
どれがぴったりか表現するものを観察
スケッチしながら選びます。

②

金具よりひとまわり大きい
ボールにとんがりをつけ
土台をつくります。

③

耳の根元から先端に
グラデーションで
ピンクのフェルトを
刺します。

④

目をはめ込むところを刺し
くぼみをつくります。

⑤
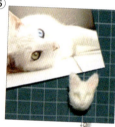

鼻にピンクを刺し
写真を見ながら
全体の輪郭も
刺し整えます。

⑥

くぼみにボンドで
目を付けます。
★これはビーズの穴を
筆ペン着色したもの。

⑦

目の端を
フェルトで覆います。

⑧

茶色のフェルトを
ひとすじ刺して
アイライン。

⑨

顔のパーツが
出来ました。

⑩

金具の穴にテグスで
留めてボンドで接着。
固定します。

⑪

土台の金具にはめて
ツメを折って固定します。

シャワー金具にチェーンと
猫手パーツを
丸カンで付けて
ペンダントの完成。

⑫

p.071の肉球の表現で手の部分を作成。
9ピンを刺し、端をU字型に曲げて留め
フェルトのなかにひっぱり隠します。
チェーンを丸カンで付けて
猫手パーツが出来ました。

"売れる" オリジナルアクセサリーをつくる方法とアイデア / p.073

こんなものをアクセサリーのすがたにつくってみたい。でも フェルトでどうやってつくれるだろう？
フェルトをまるめてボールにしたりニードルで固めてちいさくしたり
基本のかたちをつくる方法を組み合わせ、スケッチを描いてきめていきます。
ほら。"空飛び猫" も物語から飛び出してフェルトの姿で耳元にやってきます。

フェルトで "私" だけのアクセサリーをつくる

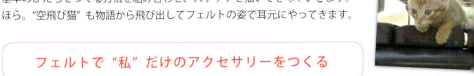

子猫らしい作品に
なるようにすがた
かたちをよく観察。

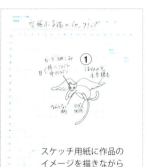

① スケッチ用紙に作品の
イメージを描きながら
つくり方や表現の方法
アイデアも考え
書いていきます。

② イメージに近い
いろのフェルトで
基本の模様や全体の
いろあいを刺します。

③ くぼみに目をつけ
アクセントになる
部位をフェルトで
つくり刺します。

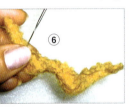

④ フェルトをまゆ型に
まとめ胴体をつくり
模様を刺します。

⑤ 手足のパーツを作成。
しっぽは指で細長く
まとめたフェルトに
別いろを巻き付けます。

⑥ 土台のフェルトに別いろのフェルトを薄く
広げて模様を刺して翼のかたちに整えます。

⑦ 裏に毛糸をならべて
のせて刺してとめて
羽の雰囲気を表現。

⑧ 毛糸がざっと留ったら
裏返して表からさらに
刺し込みしっかり固定。
アイロンをかけて毛糸
を落ち着かせ、先を
はさみで羽のかたちに
カットします。

⑨ パーツが全て完成したら
バランスを見ながら仮留め。

⑩ 金具を刺しこむ
部分にはさみの
先で切りこみを
入れます。

⑪ 切り込みに金具を
差しこみ、位置を
合わせたらテグスで
カンに留めながら
各パーツもまとめます。

⑫ すがたかたち
つけ心地を
確かめ調整。

フェルトの基本の
手法を組み合わせ
物語から飛び出した
ような作品が完成。

■ ソーイング　技法指導 ▶ p.118 mogran さん

むかしから
いま
いまから
むかしへ

コテと布でアクセサリーの
オリジナルパーツをつくる

アートフラワーの素材でアクセサリーをつくる人がたくさん増えました。
でも布から選んでむかしのようなコテでかたちをつくる人はまだ少数。
かんたんな小花からオリジナルの作品づくりをはじめてみましょう。

コテ

花のかたちや部位にあわせさまざまなかたちがあります。

本体

コテで布をまるめる基本の方法

道具・材料／ボンド、お湯、布、はさみ、コテ、コテ用の台またはスポンジ、ぞうきん

布のボンド加工

①
木工用ボンドと10cm四方程度のうすめの布を用意。

②
ボンドをお湯にとかし、割り箸などでよくかき混ぜます。

③
布を浸してボンドをよくしみこませたら軽くしぼり乾かします。

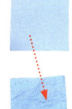
布が固まってボンド加工されます。

型紙

①
6枚の花びらのある小花の型紙をつくりボンド加工された布を切り取ります。

②
熱したコテをぬれたぞうきんにあてて1度冷ましてから布にコテあて。

③
最初は中心にコテをあてその後花びら1枚ずつにあてて丸みを付けます。

ヘップ

コサージュなど布花のかたちをつくるコテは手芸専門店やネット通販で購入。つくる花のかたち大きさに応じコテの部分を取り代えます。

④
布があたたかいうちに手でかたちを整え花びらのかたちにします。

⑤

⑥
布の中心に切込みを入れペップを差しこみ裏側からボンドで固定。出来あがり。

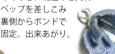

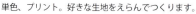
単色、プリント。好きな生地をえらんでつくります。

多弁の花

型紙

花びらが12枚のお花。

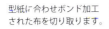

型紙に合わせボンド加工された布を切り取ります。

①

② p.076の方法でコテをあてて布に丸みをつけます。

③ コテをあて終わるとおわんのようなかたちに。

④ ヘップを差しこみ裏からボンドで固定します。

⑤ ペップの量で雰囲気が変わります。つくりたい大きさ、本を選びます。

⑥ かたちを整え出来あがり。

シンプルな花

型紙

① このようなかたちに布を2枚切りとります。

つくりたい花に合わせて生地のいろや書き込むいろの描写を選びます。

② 2枚のうちの片方にペンや絵の具で絵柄やいろあいを描きます。

③ 描いた面の裏側からコテをあててもう1枚にもコテをあてます。

④ 2枚をたがいに違う位置になるよう重ね合わせます。

⑤ 布に切込みを入れペップを差しこみ裏からボンドで固定。

⑥ 布を変えたり、描写を変えてひとりひとりの花のかたちに。

巻き花

① コテを使わずつくる方法。ボンド加工していない布を3×15cm位に切りペップを差しこんでおきます。

② ボンド固定をしながらバランスをとり布を巻いていきます。

③ ひねったりしながら巻いてすきなかたちを探します。

④ 布の端を内側に折りこんでボンドで付けて出来あがり。

■ ソーイング　技法指導　p.117　AZUR&CO.by Cigale さん

ソーイングでオリジナルの
アクセサリーパーツをつくる

アクセサリーづくりにつまみ細工の活かされ始めているように　むかしの日本の
ものづくりの手法にもヒントがあります。吊るし雛の方法をアレンジしてみると…。

むかしから
いま
いまから
むかしへ

道具・材料 / 布、フェルト、針、糸、ハサミ、綿、ボンド、チャコペン、目打ち、ペンチ
ヒモ、ビーズ、ペップ、テグス、アクセサリーパーツ　など

エッフェル塔

型紙

① フエルトに型紙をのせ3枚裁断。

② 3辺を縫ったら底部より綿をつめて閉じます。

③ 刺繍糸か手縫い糸2本取りでクロスステッチ。

④ お花を塔の頂上に♪
リング台に留めればかわいいアクセサリーに。

星

型紙

① 縫い代 5mm 程で裁断。
中表に縫い合わせ返し口を開けます。

② 表に返してかたちを整えます。

③ 綿を詰め返し口をかがって閉じます。

布の選び方で雰囲気も様々。

月

型紙

① 縫い代をとり表裏を裁断。
中表に半返し縫い。
返し口は開けておきます。

② 表に返し綿をつめ返し口をかがり閉じ。

③ 丸カンなど希望の金具を糸で縫い留めます。

プリントのモチーフ そのままつくる

すきな柄を縫い代分も加えてカット。
月のパーツの①②と同じく縁を
縫い表に返して綿をつめ
返し口をかがって
出来あがり♪

① 絵柄にそって縫い代を取りカットします。

③ イチゴと同じ方法で出来あがり。

"売れる" オリジナルアクセサリーをつくる方法とアイデア / p.077

ハート

ちょうちょ

造花のペップやビーズなど縫い留めるとかわいいアクセントに。

チャコペンなどで型紙のかたちを布に写します。縫い代も加えてカット。

動物顔

① p.076のパーツと同じく作成。

② 鼻はビーズなど縫いつけ。口は刺繍糸でステッチ。

③ 目もビーズにしてみました♪

ヒゲはテグスで3糸を巻き付け鼻に。

口はY字やx字に刺繍をしたり。

本

① 土台部分を中表にして縫い表に返しページ部分はまんなかを縦に縫い留めます。

小花

円や四角の布端をぐし縫い、糸を引き絞り縫い代は入れ込み閉じてビーズを留めます。

② ヒモにビーズを通し挟み込みしおりに。

柄を選んで絵本風。

③ 刺繍で文字をチクチク入れました。

バッグ

① 中表にして半分に折りわを底に両脇を縫い表に返します。

② 口部分の縫い代を内側に折り持ち手のコードを仮留めして表から1周ステッチ。

③ お花パーツやパンなど入れてみると…。

小鳥

2枚を中表に縫います。

① 尻尾は返し口とし残しておきます。

② 表に返し尾は横糸を抜いて羽のようにフリンジに。

④ 綿をつめ、返し口を縫いとめ羽も尾と同じくつくり縫い留め。

⑤ 口ばしを付け目に刺繍。足はペップを縫い付け。

■ ソーイング ■

リボンなど好きなものを飾り裏にブローチ金具を。

① 円形の金具を用意。
またはハードフェルトを
ドーナツ型に切り取り
代用します。

② 金具にレースを
ボンドで貼り付け
飾りつけ。

③ p.076の方法でつくった
小花や、葉っぱのかたちに
カットした布を
バランスを見ながらボンドで
固定します。

p.077の赤花パーツをヘアアクセサリーのモチーフに。

オリジナルアクセサリーをつくる方法とアイデア / P.079

p.076の
ソーイングモチーフ
むかしの
吊るし雛のような
イヤリングに。

① 土台になる布を折って準備。

② 指の周りに布を合わせて＋1cmほどでカットします。

③ p.076でつくった小花を土台の布の中心あたりに裏から固定します。

④ 布にビーズを縫い付けて飾り付け。

⑤ 布を縫い合わせコの字に閉じます。

⑥ 最後に指輪になるよう輪に縫い合わせます。

土台の布を細くしたり飾り付けで楽しめます。

■ クラフト　■ 技法指導　p.120　A.S.Pさん

クラフトの発想でオリジナルパーツをつくる

いくつもつくれる ペーパービーズ

基本のつくり方

① 色画用紙をつくりたい大きさでカッターでカットします。

② 竹串や楊枝などに紙の端から巻き付けます。
★紙の幅広の方から巻き始めます。

ビーズの長さや太さは紙のカットでつくりたいかたちに調整します。

③ 巻き終わりにのりやボンドで貼ります。

④ しっかり押さえ竹串からゆっくり抜きます。

⑤ 丸箸などにビーズを差し水性ニスを塗ります。乾かして完成。

道具・材料／カッター、カッティングマット 定規、のり、竹串か楊枝 丸箸、水性ニス、筆、紙、ワイヤー

いろんなかたちのつくり方

A

B

C

とがった先を巻き終わる時は、はずれにくいようボンドを丁寧に貼ります。

D

E

むかしから
いま
いまから
むかしへ

紙を巻いてつくるビーズは何十年も前に欧米で流行ったもの。プラバンやレジン、アメリカンフラワーなど最近人気のアクセアリーづくりの方法も同じころ、日本でも紹介されて女性たちの手づくりや子どもたちの工作で人気を集めました。
年月を経て忘れられていた手法のなかにいまつくると新鮮で新しい方法がまだ隠れている気がします。むかしの本や雑誌のページに"私"だけのオリジナルのヒントを探してみましょう。

むかしの方法にいまつくってみたいデザインを加えるとオリジナルのかたちが見つかります。

オリジナルのビーズをアレンジ
アクセサリーをつくる

むかしの
アトミックスタイル
いま使いたい
かたち。

ビーズや金属パーツで上下の穴をふさぐように下からTピンを通します。
ピンを丸ヤットコで折り曲げ金具を取り付けます。

丸みをつけたい時は
紙を複数枚重ねて巻きます。
ダブルのかたちは片方ずつ巻いていくと
きれいに仕上ります。

新聞や雑誌のページを使うと
マーブル調の以外な柄に。
不用な紙をリサイクル、費用も格安。

■ クラフト ■

ペーパーピースで すがた かたちをつくる

道具・材料 / はさみ、クラフトパンチ、水彩絵の具、筆、ボンド、ピンセット、水性ニス
ピンバイス、紙、軽量粘土、ヒートン、ワイヤー など

つくりたいすがたが分かるもの
写真などよく観察。

基本のかたちをつくる

① 軽量紙粘土で体と頭
くちばしのベース部分を
つくります。

② ワイヤーで輪をつくり
体のベースに差しこみます。
頭のベースをつなげて取れにくくします。

③ くちばしを乾かし
水彩絵の具で
いろ付けをします。

部分ごとの"ピース"をつくる

① 画用紙で尾羽、翼の
かたちをつくります。
★羽毛のかたちは
クラフトパンチを使うと簡単。

④ かたちを整えよく乾燥させ
基本のかたちが完成。

強調したいポイント
表現するための方法もスケッチ。
描きながら浮かんだ
アイデアも書きこみます。

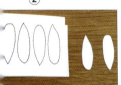

② 紙を3つ折りにし尾羽と翼の
かたちを写しはさみで
必要な枚数カット。羽毛も
クラフトパンチで
抜き取り。

③ 切り取った羽にはさみで切りこみを
入れ質感を出していきます。

ピンバイスや目打ちで
金具をつける部分に穴開け。

④ 尾羽のピースを
ボンドで1枚ずつ
貼りつけます。

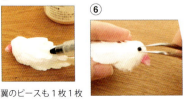

⑤ 翼のピースも1枚1枚
重ねるように貼りつけ。
くちばしをボンドで
取り付けます。

⑥ 全体を水性ニスで塗りよく乾かします。
目のパーツをボンドで貼り付け。

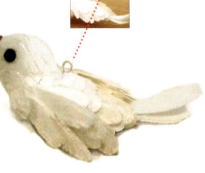

ヒートン金具をボンドで
取り付け完成です。

ピースに分けて考え モチーフをつくる

バラ

花びらのピースを3枚
中心のピースを1枚
カットします。

①

中心のピースを
竹串などに巻き付け
最後まで巻いていきます。
ぬき取り、端をボンドで
貼り合わせます。

②

①を花びらの中心に貼り付け
1枚目の花びらを立ち上げ
包み込むようボンドで留めます。
2枚、3枚目の花びらは交互に
貼り合わせ立ちあげるように
ボンドで留めます。
全体を水性ニスで塗ります。

エーデルワイス

花びらのピースを2枚
中心ピース（幅広）を1枚
中心ピース（幅狭）を6枚カット。
中心ピースはハサミで切り込み
フリンジ状にします。

①  ②

花びらはちいさい方を上に重ね合わせボンドで
貼り合わせ。中心は細い針状のものに巻き付け
巻き終わりをボンドで留めます。中心にボンドで
取り付け。水性ニスで全体を塗ります。

裏面に金具などを
ボンドで取り付け。

さかな

尾、背、腹、胸のひれ
それぞれ2枚をカット。
うろこはクラフトパンチで
必要枚数ぬき取ります。

①

軽量紙粘土で体をつくり
ビーズなど目を差し込み。
乾かしてから絵の具で
いろ付けします。

②

体をはさむよう尾、背、腹の
ひれピースをボンドで貼り
うろこをピンセットで貼り付け。
胸びれを付け全体をニス塗り。

ピンバイスなど穴開け
ヒートンをボンドで
取り付け。

はりねずみ

針になるピースの型を取り必要な
枚数カッターかハサミでカット。
はさみで切り込みを入れて
フリンジ状に。

①

軽量紙粘土で体をつくり
ビーズなどを目と鼻の
位置に差しこみます。
乾かしてから絵の具で
いろ付けします。

②

針のピースを巻くようにボンドで貼っていきます。
全体をニス塗り、乾かします。

■ クラフト ■

眠る文鳥に
リングの金具を
ボンドで
取り付けます。

ペーパービーズとペーパーピース
手法を組み合わせて
"私"だけのアクセサリーをつくる

ペーパービーズで体をつくり
顔の耳のピースを貼りつけ。
耳はのりしろをつくります。

ペーパービーズで頭の
パーツをつくり足は画用紙と
トレーシングペーパーで型を抜き
水性ニスを塗ります。
ビーズをつけると水滴のよう。

足の中心に穴をあけ
2枚を重ね合わせ
下からTピンを通し
折りたたむように
頭のパーツとつなぎます。

布をコピーしたり
マスキングテープを紙に
貼ったものでもビーズが
つくれます。

こんなに すてきに ハンドメイド♪

3つのマーケット
"売れる"ために
"ほんとう"に
役にたつこと

"私"のアクセサリーの
ひとつひとつ違ういろとかたち
ハンドメイドにかけた時間
込めた思いをもっと
きちんとお客さまに伝える
世界でひとつの価値をわかって
買ってもらえるための
ハンドメイドの方法

タグとシールづくり　P.087

パッケージについて　P.090

３つのマーケットでの
つくり方 売り方　P.092

イベント　P.093

マーケットプレイス　P.096

ショップ　P.102

作品のタイプ別
ベストな売り場所 売り方　P.106

作家とお客さま そして もうひとりの "三角関係" がもっと売れる ずっと売れる 理由をつくる

p.012でお客さまと買ってくれる理由を作家と作品への"共感"と書きました。ハンドメイドのアクセサリーを売る３つのマーケットごとに作家とお客さまの間にいて"私"と買ってくれる（かもしれない）を結びつなぐ人たちがいます。その人たちの"共感"も得ること。直接の面識はなくてもいつの間にか"私"の作品を応援している関係をつくること。ハンドメイドには作品をつくるだけでなくその関係をつくる方法があります。

私＝作家

マーケットの人々

ショップ ▶ お店の人たち／店長さん
イベント ▶ 小規模なら企画、主催者
　　　　　　ギャラリーの人たち
　　　　　大規模なら運営スタッフ
マーケットプレイス
　　　▶ 作品ピックアップの担当者　などなど

えこひいきではなく
"ごひいき"する＆される
関係をつくる

実店舗の店員さんはどの作家をどこに置くかを決めます。そこで来店者に作品を手に接客します。ギャラリーなどの企画展のイベントではキュレーターが作品をピックアップ マーケットプレイスではスタッフが"注目作品"を選び訪問者や会員全員に配信します。えこひいきはトラブルの元ですが、作品力に加えて、売りたい気持をタグや什器でマーケットの人々と来店者、来場者にまっすぐ示すことは"ごひいき"関係の始まりになります。

お客さまたち

ショップやギャラリーではスタッフが"ごひいき"さんひとりひとりへの"顧客管理"がリピーターや１人のお客さまから知人、友人へ集客の輪をひろげる基本の方法です。作家さんがマーケットプレイスで直接コンタクトできる連絡先、関係を得たお客さまを分かりやすく管理ができる備忘録のフォーマットをいますぐさしあげます。

"私"のお客さま
備忘録のフォーマットは
132ページへ

→p.132

3つのマーケット "売れる" ために "ほんとう" に役にたつこと / P.087

それでは お店やイベントのテーブルで
"私" の売りたい気持ちを伝えるオリジナルのタグ シールづくりから……

タグとシールづくりのポイント

自分でつくる４つのポイント ４つのメリット

安く つくれる
１枚数円など意外に高い市販のもの
自作で経費を削減

時間を かけない
作品づくりに影響しない
"切る" "貼る" "結ぶ" など
かんたん作業

役割を果たす
作家名や価格
品番、材質
着用時の注意など
きちんと表示

作家の ちいさな "顔" と "声" になる
作品を買いたくなる
イメージづくり
お客さまへの
メッセージを伝言

ショップの店頭やイベントの実際の現場で
おこるタグやシールの意外なトラブル。
販売チャンスを逃がさないための方法。

はがれる

ひもタグ
安全ピンなどで
アクセントもかねて。

フェルトや布素材など通気性の
素材にテープ貼りは厳禁。

表記が見えない

水性ペンは湿気や経年で表示が消えます。
読みづらいちいさな文字も厳禁です。

サイズが大きすぎる

"私" のアクセサリーを強調するため
大きなタグにする作家さんがいます。
作品の存在感や店頭点数を減らしたり
お店の人にマイナスイメージにも。

台紙にシールを貼ったり
作品よりちいさなタグにします。

「くりくり」のお店の作家さん
本のページづくりに協力
コメントをいただいた
p.116～119 に掲載の
作家さんのタグ、シールたち。
参考になるものはありますか？

p.017からのブランディングで紹介したネーミングとロゴの大切さ。
作品といっしょにお客さまが目にするタグやシールは"私"の分身。

技法指導／ 古窓のクーニャさん

作品をアピールするタグとシールのアイデア

ちいさな手づくり作品として
お客さまをおもてなし

パンチでいろんなかたちの
タグ穴を開けて みたり。

スタンプ

インクの盛り
印字の位置で
ひとつひとつ違う
楽しさを伝える。

コラージュ

好きないろと
かたちの紙の小片
ちょっと時間を
かけた感じも好印象。

手描き

作品にサインのように。
少数作成ならエディションを付けたり
作成の日付をのせても楽しい。

作品づくりの余り素材を土台にタグをアレンジ
ならべてみると……

生地でもレースでも、リボンや
フェルトでも、タグに使える平面素材なら
いろも柄もかたちもいろいろ。
はさみでざくざく。ボンドで簡単
紙のタグを貼りました。

タグの糸も
糸やリボンの
ひものあまりを
使うと楽しい。

ひとつひとつ違う
いろとかたちに
ロゴをのせてみたり

むかしの世界の切手の図案に
ロゴを共通のポイントとして
のせたタグ、シールは
眠れる森/mica TAKEO さん（p.116）の
オリジナルのもの。

**写真や図案に
文字をのせる
ソフトは案内は
098 ページへ**

3つのマーケット "売れる" ために "ほんとう" に役にたつこと / P.089

オリジナルのシールやタグを時間もお金もかけずたくさんつくる

星空には不透明な金のインクが似合います。

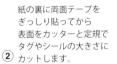

③

④

紙の裏に両面テープをぎっしり貼ってから表面をカッターと定規でタグやシールの大きさに② カットします。

トレーシングペーパーに濃い鉛筆で図案を描き面を裏返し消しゴムに押しあてこすり付けて左右逆の図案を写します。

彫刻刀で文字や図案を削り出します。

①

ベースにしたい絵柄や写真の紙を用意。またはネットフリー素材をうすめの紙にプリントアウト。

表面にニスやラメを塗って素材感が強調されてきれい。

⑤

紙のいろあい柄にぴったりのインクを選んでスタンプ。

シールは貼る時に裏面の両面テープをはがします。

プレゼント用シールへアレンジ

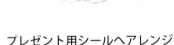

①

②

③

④

くるくるリボンにはポリプロピレンの細めのリボンを使います。

ハサミの刃を閉じて（使用してない状態）刃の背をリボンにあてます。

ハサミを利き手でにぎりくるくるにしたい部分のリボンをハサミごと親指でおさえて角度をつけ思いっきりひっぱります。

くるくるになった部分をカット。タグの裏面に置きその上に両面テープを貼ります。

リボンを貼る時両面テープをはがします。

リボンの長さやタグといろの組み合わせは自作にあったスタイルで。

自分だけのオリジナルのタグやシールのおなじものを多数つくりたい時は業者や工場へ発注する方法もあります。

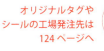

オリジナルタグやシールの工場発注先は124ページへ →p.124

そして パッケージについての "ほんとう" のこと……

p.028 の "利益の計算式" に実際の数字を入れてみると作品づくりの材料費の他で
マーケットプレイスやイベントでは販売で意外に
費用がかかるのがラッピングやパッケージ
発送のための経費です。

意外に費用がかかる
包装、破損予防梱包など各段階で資材が必要

時間もかかる
通常のマニュアルに従うと何段階も作業くりかえしも

売るには逆効果のことも
ラッピングすることで逆に作品とお客さまとの距離や壁
市販の安価な量産品の印象に

ほんとうの目的は？
購入いただいたお客さまに感謝の気持を伝えること

アクセサリー向け ツールたち

ストライプひも
108円～432円

水玉、ダイヤ柄 グラシン袋
10枚入 410円

ピュアパック
100枚入
カードサイズ 156円
A5サイズ 272円

柄、色紙

ミニカード
1枚
50～80円
10枚入 324円 / 20枚入 540円

ボックス
角型 指輪サイズから
1個 108～380円
丸型 指輪サイズから
1個 108～380円

★ 基本データ 2016.1.25 都内大型手芸店調べ

3つのマーケット〝売れる〟ために"ほんとう"に役にたつこと / P.091

費用も時間もかかる包装、ラッピング、パッケージ。マーケットごとのかたちを知ることでお金や作業の無駄がなく効果的な方法を見つけます。

マーケットごとに違うベストパッケージ

実際の素材にふれられず試着も難しい包装。100円ショップやスーパーの雑貨のようなマイナスのイメージも。

マーケットプレイスの発送では

安全に送れる

破損がなくお客さまの手元に届くことが基本

①
作品をカバーできる大きさに不要の厚紙をカットします。

コンパクト発送経費を少なめに

できるだけちいさく小額の料金で発送

②
水から守れる素材でラッピング後、紙の内側にマスキングテープで留めます。

Open

郵便局や宅配業者などのサイズや重さの規格から追跡可能で費用は安めの送り方を選び発送します。

お客さまに届いた瞬間インパクト

到着時に"共感"を得る方法は101ページへ

ショップの店頭やイベント会場では

直接 手に触れることで買い上げに

画像ではなく実物を手にし鏡の前で試着できるお店や会場では"包む"ことは不要。

パッケージで安く見えることも

安価な量販雑貨のような印象はマイナス。お店では包装の作業も代行、材料も負担してくれます。

盗難の予防には

ラッピングではなく台紙など大きめに。手のなかなどに隠しにくいサイズに。

プレゼント用やオーダー対応では

高めの価格のもの上客、リピーターへの可能性を感じるお客さまなら既存のパッケージにハンドメイドの手作業を加えます。

お客さまへ"特別な気持"メッセージ

感謝の気持。メッセージカードや名刺も添えて。

作品作成／シスター社

3つのマーケットのなか ひとりひとりの つくり方 売り方に合う "売り場所" を見つける

手づくり雑貨ブームの始まりからいままでハンドメイドを作品の "売り場所" は
3つのマーケットと目的やスタイルにあったいくつものかたちが生まれました。
いまの自分の "売り場所" は一番あったかたちを選んでいますか？ どうですか？

ショップ
- ハンドメイド 手づくり専門店 ▶依託が多い
  ● オーナーさんの "こだわり" で作家、作品をセレクト
- 箱貸レンタルボックス ▶依託のみ、使用料必要
  ● 自分で作品セレクト "箱" のなかを自由にディスプレイ
- セレクトショップ ▶買取が多い、1点あたり利益低め
  ● 量産の商品、ヴィンテージなとといっしょに販売
   オーナーやバイヤーさんの "売れ筋" 判断でセレクト

ショップ、ギャラリー
企画イベント
▶委託、または
  自分で手売り
  参加費少なめ
● 郵送参加可能も多い
  ジャンル特定
  そのジャンルを好む人が来場

イベント

大規模イベント、フェア
▶自分で手売り、参加費高め
● 東京大阪など大都市圏で開催
  ジャンル不問、参加作家、来場者多数

小規模イベント、手づくり市
▶自分で手売り、参加費低め
● ご近所でも開催
  ジャンル不問、来場者少なめ

マーケットプレイス
- 手づくり専門ソーシャルマーケット
  ▶自分で販売管理、手間と時間がかかる
    参加費不用、販売手数料は必要
  ● 自宅から全国、多数に販売可能
    ジャンル不問、訪問者国内中心
- 多ジャンル出品、出店モール
  ▶自分で販売管理、手間と時間がかかる
    参加費有料が多い、販売手数料は必要
  ● 自宅から全国、多数に販売可能
    ジャンル不問、海外販売のサイトもあり

Next Stage ?

個人直売
サンプルからの
オーダーメイド
個展で上客に販売
など

活動を続けて自分のファンをつかみ、たがいの "顔" が分かる
上客をつかんだ作家さんの多くが自然にめざす4つめのかたち。
"個人販売" という第4のマーケットがあります。
作家としての満足度、利益、自由度の高いスタイルです。

イベントで "売れる" ためにつくるもの
役にたつこと

10数年前、京都でのんびり始まった百万遍の手づくり市。
20余年前スタートの東京ビッグサイトのデザインフェスタ。

イベント
大都市で開催
フェア型イベントから
お店やギャラリーの企画展
ご近所の手創り市まで
全国 海外 大小 いろいろ

メリット
▲ 手売りでお客さまに直接接客
　上客へのきっかけがつくれる
▲ 売上全部が自分のものの
　場合が多い

デメリット
▼ 離れた場所での開催の場合
　交通費、宿泊費用などが必要
▼ 自分のスペースを埋める
　かなりの点数の準備が必要
▼ 選考、審査、定員などで
　出れないこともあり

10余年前、大阪の手づくり雑貨老舗店カナリヤさんが店内で始めた月ごとの企画展……
それぞれ意外な動員と評価が現在の数万の入場者のフェア、こだわりのテーマで全国からファンが集まる展示即売会、人の少ない田舎のお店なのに地域のハンドメイド愛好者を多数集めるお店マルシェなど現在のイベントへ広がりました。
多くのアクセサリー作家たちが一度はトライするのが大都市圏で定期開催の大規模イベント。出展料だけで売上は自分のもの。でも地方からの参加だと交通費や宿泊費など意外なコストがかかります。

全国 〝定番〟大規模イベント

東京 / デザインフェスタ
毎年2回東京ビックサイトで開催されている日本最大。世界でもトップクラスのハンドメイド、アート、クラフト作品出展イベント。
出展者数　12,000人 / 来場者2日間延べ6万人

http://designfesta.com/

大阪 / OSAKA アート＆てづくりバザール
2009年スタートの関西最大級のアート＆ハンドメイドイベント。
出展ブース　1,000組

http://www.tv-osaka.co.jp/event/makingbazaar/

名古屋 / クリエーターズマーケット
ハンドメイドからアートまでオールジャンルギャラリー＆マーケット。
出展者数　4,500人 / 来場者2日間延べ6万人

http://www.creatorsmarket.com/

フェアは出るだけでお客さまや作家さんと合えて楽しいだから賃金の有無は気にしない、友だちの家に泊まって経費節約など、利益に代わる出展の理由はひとりひとり。でも作品がきちんと売れて利益がある、イベントの後も直接購入してもらえるお客さまを獲得、など、無理なく成果も多い出展がほんとうの楽しさにつながります。
そのためハンドメイドでできること。出展のスペースを充分に活用。目の前を通りすぎるお客さまに "私がいる" ことを気づかせる手づくりの方法が p.094 にあります。

例えば 試算してみると…

大規模イベントで販売価格3千円
アクセサリー30点が完売したら

設定例
　材料原価30%　時給千円 × 一点製作30分
　諸経費5% / 2日間イベントに参加
　開催場所まで片道1万円　宿泊＋食事1日1万円
　ミニブース利用1日1万円＋設備レンタル5千円

売上　3,000×30点	90,000
材料原価　30%	− 27,000
賃金 500×30点	− 15,000
出展ブース料　1万 ×2日	− 20,000
設備レンタル	− 5,000
交通費往復	− 20,000
宿泊＋食事代 ×2日	− 20,000
諸経費　5%	− 4,500
利益	− 21,500

技法指導／古窓のクーニャさん

自分でつくれる 費用格安 とっても便利
イベント出店 什器とディスプレイ

売上げは全て自分のもの。でも意外に経費と手間がかかるイベントへの出展。自分でハンドメイドすることで会場で販売効果をあげる、搬入搬出を楽にする方法。

工作用のアクリルミラーも自作。自由にデザイン。

来場者の目をひく
作品のイメージにあった什器を自作
世界観を演出

限られた自作の販売スペースをうるさく見えずすてきに多数の作品を飾れる場所にレイアウト

上下奥行を有効に使い多くの作品をディスプレイ

天

アイキャッチやPOPもすきな場所にレイアウト。

人

アクセサリーの販売に欠かせない鏡も画鋲やテープで希望の位置にレイアウト。

a 収納兼用ディスプレイスタンド
棚の位置や数も変更可能。上下の空間を有効活用。お客さまの視界に 天・地・人 の配置で立ち寄りたい気持へ。

c ひな段重ね段
箱を重ね高さや面積を自由に変えられるちいさなディスプレイ台。裏返しとちいさな箱として収納にも使えます。

地

b 透明カバーボックス
多数の来場者が訪れ、前を通りすぎる場所での盗難、破損を透明カバーで予防。ちいさなショーケースとして使えます。

作品梱包発送にも使える
箱のかたちの什器は搬入搬出、搬送時は収納用の箱に

大切な作品の盗難の予防策に

テーブルクロスの裏は大切なバックヤード。お客さまには見えないように。

3つのマーケット "売れる" ために "ほんとう" に役にたつこと / P.095

木材や大工道具は使わず "テープで貼る" "カッターで切る" "ボンドでつける" 方法を基本に
女性でも簡単にできるイベントの会場のテーブルの上の "私" の世界のつくり方。

a 収納兼用 ディスプレイスタンド

留め具の部分も
金具を使わず
ボタンと針の手芸の什器。

*カッターと
テープで
簡単つくれる*

高さ約60cm。
竹ひごや針金を刺して
アイキャッチも楽しい。
かわいい。

棚置き、鋲留め
使い方 いろいろ

全体はハレパネの
素材をカット。
梱包用テープだけ
金具や鋲は使わず
つくれます。

搬入搬出時は
収納ボックスに

ディスプレイスタンドの
つくり方は
134ページへ → p.134

作品作成 / 北原裕子、ao11

c ひな段重ね段

① 使うのは
8mm前後の
厚さのハレパネ。

② つくりたい大きさ
段数、高さなどを決め
必要なパーツをカット。

③ 木工用ボンドで
貼りつけ組み立てます。

b 透明カバーボックス

希少品や
盗難、破損が気になる
ものをカバー。

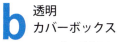

作品作成 /
かわい金魚

ボンドはしっかり。
パーツの合わせはぴったり。

⑤ ペンキを塗ったり
布を貼ったりイメージに
合わせて仕上げます。

つくりたい大きさに
厚さ2mm前後の
透明の塩ビ板でパーツを
カッターで切り取り。

塩ビパイプ用の
専用接着材で
貼りつけ組み立てます。

④

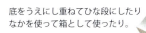

底をうえにし重ねてひな段にしたり
なかを使って箱として使ったり。

マーケットプレイス どれを選ぶ？ どう使う？

10数年に始まった手づくり雑貨のブームは"買いたい"人たち現れ、注目されたことから始まったもの。現在のハンドメイドへの人気は自分のつくったものを"売りたい"人の急増が支えになっています。その一番の理由はウェブサイトを通して全国どこでも自宅にいながら自分の作品を売ることのできるマーケットプレイスの登場です。

文／取材 皆川真奈美

★ 2016.2.15 時点

マーケットプレイス
ハンドメイド専門のソーシャルマーケット
ネット販売のお店が開けるショッピングモール

メリット
▲ 全国どこでもパソコンからいつでも誰にでも先品販売ができる
▲ 販売手数料が実店舗より安く販売分の利益が高い

デメリット
▼ 作品撮影、情報入力
販売管理から発送まで自分で作業
手間と時間がかかる
▼ お客さまとネットだけでやりとり

販売手数料
マーケットプレイス内での作品の販売に応じ支払われる手数料のこと。支払額による率の違いなど要チェック。

決済システム利用料
金銭の受け払いを円滑に行うためのシステム利用料。売買支払を仲介。カードやコンビニ決済などができる。

売上振込手数料
販売された売上代金が作家に振込される際に差引される手数料。

Creema （クリーマ）
http://www.creema.jp/

登録者数 5万人以上／登録作品 200万点以上
一日あたりの訪問者 非公開
FACEBOOK ファン数 8万2千人以上

- 月額基本料 無料
- 販売手数料 ★成約分出品者負担
  販売価格の8～12％（税ぬき）
- 決済システム利用料 ★購入者者負担
  無料
- 売上振込手数料 172～270円（1月分売上まとめて振込）
- ポイント
  イベントを多く主催。登録クリエイターとし先行的にイベントへ出展できるチャンスもある。ウェブサイトだけでなく販売できる場を広げることができるのはメリット。

---

minne （ミンネ）
https://minne.com/

登録者数 17万人以上／登録作品 203万点以上
一日あたりの訪問者 非公開
Twitte ファン数 147,605人

- 月額基本料 無料
- 販売手数料 ★成約分出品者負担
  販売価格の10％
- 決済システム利用料 ★購入者者負担
  無料
- 売上振込手数料 172円（1月分売上まとめて振込）
- ポイント
  機能がとてもシンプルで操作もかんたん
  出店と同時に自動的に「カラメル」というショッピングモールサイトにも作品掲載。

---

iichi （イイチ）
https://www.iichi.com/

登録者数 19,194名／登録作品 377,560点
一日あたりの訪問者 約5万人
FACEBOOK ファン数 34,699人

- 月額基本料 無料
- 販売手数料 ★成約分出品者負担
  作品代金の20％
- 決算システム利用料 ★購入者者負担
  無料
- 売上振込手数料 172円～（1月分売上まとめて振込）
- ポイント
  クラフト系の作品の出品が多い傾向。ナチュラル志向、素材感を好む作家を大切にしている雰囲気。

---

tetote （テトテ）
https://tetote-market.jp/

登録者数 37,500人／登録作品 95万点
一日あたりの訪問者 非公開
FACEBOOK ファン数 約19万人

- 月額基本料 無料
- 販売手数料 ★成約分出品者負担
  販売価格の12％
- 決済システム利用料 ★購入者者負担
  1,500円以下は79円
- 売上振込手数料 160円（1月分売上まとめて振込）
- ポイント
  はじめて作品を販売する人や趣味の世界を広げてみたい人も出品しやすい雰囲気。手づくり感を大切にし比較的安価な作品も多い。現在はミンネと同じ通信系企業が管理運営。

▶ ほんとうの入金額は……

販売価格 －（販売手数料＋決算システム利用料＋売上振込手数料）＝ 手元への入金額

3つのマーケット "売れる" ために "ほんとう" に役にたつこと / p.097

ネットで海外に〝私〟の作品を売ったり モールに自分のお店を開いたり
ほかにも こんな マーケット あんな マーケット

Ｅｔｓｙ
世界とつながるハンドメイド
マーケットに150万人が登録

https://www.etsy.com/jp/

ニューヨークが本拠「Ｅｔｓｙ」が日本語で閲覧。世界中の作家の作品が販売でき購入可能。台湾版 Etsy といわれる「Pinkoi」も注目が集まる。

ＢＡＳＥ
いますぐ自分のお店が開ける
ウェブショップ

https://thebase.in/

「お母さんでも使える」がコンセプトのネットショップ。さまざまな運営ニーズに対応 メルマガやクーポンなど運用面のサポートも充実。

ユザワヤＭａｒｋｅｔ
手芸用品の大手ショップが
作品のネット販売をお手伝い

https://market.stores.jp/yuzawaya/

かんたんにウェブショップができるSTORES.jp とユザワヤが提携し開設。ZOZOMARKET など他のサイトへの作品販売などチャンスを広げられる。

ハンズ・ギャラリーマーケット
東急ハンズのギャラリーサイト
実店舗での販売もできる

https://hands-gallery.com/

サイトを通して東急ハンズ店舗内のレンタルギャラリーにも出品が可能 作品だけでなくハンドメイドのための素材や材料などの出品も出来る。

ウェブで売りたい
でも どこがいいの？
悩んだ時は……

数年間、マーケットプレイスが日本に始めて登場した頃は出品作家の傾向をしぼるサイトもありましたが、現在は"ハンドメイドである"原則以外には基準はなく p.096 の代表的なサイトで作品傾向に大きな違いはありません。「どこが一番売れるの？」が分からず複数サイトに出品する人がいます。それは禁物。写真や文章入力に手間や時間がその分取られてしまい、大切な作品づくりの時間を割いてしまいます。サイトの登録数、訪問者などの規模で選んでいくつか試した結果ちいさめのサイトの方の販売額がよかったという人もいます。どこが"私"の売る場所に向いているかを知るヒントは各サイトが

どんな作品がピックアップされているかを知る

"今週のおすすめ"などのニュースでどんな作品を"選んでいるか？"を知ることです。それは各サイトの企画運営の人たちがどんな作品を売りたいこんな作家さんを"ひいき"したい意思の現れです。その気持はサイトを訪問する人たちにも伝わります。
"私"の作品がどのサイトのおすすめの傾向に一番近いのか、作家としてのセンサーを働かせてみます。あなたはどのサイトに一番"共感"できますか？

マーケットプレイスを もっと "私" らしく
訪れる人の "瞳" と "心" をつかむアイデア

自分の作品を売る人がみんな同じフォーマットを使うマーケットプレイス。でもそこで作品を売る作家さん作品はひとりひとり違います。自分のお店をつくり外観や店内の飾りつけやディスプレイを変えるように自分の "マーケット" と "プレイス" をつくります。

ひとりひとりのギャラリーページ

"私" の作品だけのギャラリーだから他の作家さんのページにはない画面づくりをすると訪問者の目をひきます。

First Contact
トップページ

画像がならんだ
全体の印象をデザインする

例えば
アクセサリーの
ジャンル別に画像の
基本色を変えて
トリコロールや
カラフルに。

例えば
"私" の作品は
ここにいるよ♪と示す
ロゴやアイキャッチ
説明やメッセージを入れる

1枚の
画像だけで
他の作家さんと
"差別化"

1枚の
画像だけで
セールスポイント
を伝える

ハンドメイドらしく
メッセージを
伝えたい時は
作品の撮影の時
手描きのカードなど
添えてみます。
ソフトが苦手な
人でも簡単。

ブランドロゴや文字入れ
かんたん画像加工が出来る
ソフトがあります。

● **JTrim** 初心者も簡単。文字などを加えるレタッチのフリーソフト
http://www.woodybells.com/jtrim.html
● **Phonto 写真文字入れ** iPhone、iPad対応の画像加工アプリ
ほかにもいろいろ。自分の希望をキーワードに検索、選べます。

3つのマーケット "売れる" ために "ほんとう" に役にたつこと / P.099

実店舗の接客のようにこの "プレイス" で直接やりとりし購入の気持に向けることはできません。でもこの場所は、いつでも何度も訪れてもらい、画像や文章で作品と作者の魅力を伝えることができます。そのメリットを活かして作品と作者への "共感" を広げお客さまの購入につなぎます。

ひとつひとつの作品ページ

トップページで見たいと
お客さまみたいとクリックしたら
表示される作品ページには
作品のサイズやつけ方 使い方
バリエーションの作品を画像で紹介。

"私" の
ホームページ
ブログ SNS へ
お客さまを
リンク

"私" の プロフィールページ

実際に
アクセサリーとして
つけている様子。

いろやかたち
用途が異なるバリエーションの作品。
その購入先など。

作品の販売店
出品イベントなど
お客さまに
お知らせ

作品や作家へ
お客さまの "共感" の
きっかけになる画像や
文章をアレンジ

例えば
画像をふちどる枠のない
マーケットプレイスなら
白地の活かし
あちこち図案が遊んで
いるようにレイアウト。

作品のきっかけになった
モチーフやエピソード。
"私" が作品をつくる理由の
"物語" を画像を通して
お客さまに伝えます。

作品をつくる様子
これからの新作のプランや
予告編など自由な発想で
"私" だけのページを
つくります。

Scroll →

★掲載のマーケットプレイス、作家名、作品などはイメージです。

マーケットプレイスの作品写真 24時間 上手な撮り方

画像のなか 作品のポジション

正方形に近いやや横長の画面。一般の写真とは若干見て心地よいベストポジションが異なります。

ショップやイベント会場のように実際に手にしたりつけて購入を決めることができないマーケットプレイスで一番のセールスツールは作品の画像です。見る人に印象や存在感を大きく変える撮る方。24時間都合のよい時間に撮影するための方法。

左右が1:2 上下にややスペースをあけたセンターがメインのビジュアルの位置。

p.098にある作家のロゴやメッセージはこの周辺に配置が目をひきます。

トレーシングペーパーはマスキングテープで位置を自由に変更。

ペーパースタジオ

商業スタジオのような角がみえない"R"の壁のスタジオを部屋のテーブルのうえにも簡単につくれます。

カメラ
シャッターの後必ず画面を確認。

日中の撮影は
自然光が入る窓辺がベスト。いろあいもきれいに撮影できます。直射光がイメージに合わない時は影にスタジオを移したりトレーシングペーパーで光を淡くし撮りたい画面をつくります。

レフ板
アルミや白地で反射光の表情も変わります。

厚口のケント紙 不要な紙の裏でもOK。くるくる巻いて柱に作品の大きなに合わせ曲面にマスキングテーで留めて出来あがり。まとめて巻いて保管 何度も再利用。

夜間/暗い日の撮影は
スタンドなどの光源を作品に近づけ撮ると意外にすてきな写真に。光を淡くしたい時はトレーシングペーパーをライトにテープ貼り。

自分でつくる かんたんレフ板
影の部分を明るめにしたり存在感を出したり。

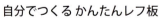

裏/白紙　表/アルミ

① 厚さ5mm程度のハレパネ2枚をテープで本のようにつなぎます。

片面の左右それぞれフラットなアルミ紙しわをつけたアルミホイルを貼り付けます。

③

3つのマーケット "売れる" ために "ほんとう" に役にたつこと / P.101

作品が手に届いた瞬間は お客さまとの これからが始まる ベストタイミング

購入をいただいた作品が届き、はじめて実際に手にし目にした瞬間をイメージ。その時の "共感" がお客さまをリピーターを上客につなげるきっかけになります。

コンパクトで発送費少なめ
パッケージの方法は091ページへ

Open

ラッピングや送料の節約をかねた
手づくり感のあるパッケージや
手描きの文字が作品と作家への評価を
印象付けます。

作品に
"あなたのために
手づくり" という
気持と価値を
トッピング

作品と
メッセージカードの
コラージュのように
貼るときれい。

お客さまへの
感謝のことば
必ず
お客さまの宛名を
添えます

はじめてのお客さまには

おまけやプレゼントパッケージのなかに
思ってもいなかったちいさな "驚き" をお届け。

リピーターの購入者には

これまでの購入の記録や
メールでのやりとりを
お客さま別 "備忘録" で確認。
「あなたは特別なお客さま」と
伝える短いメッセージを
添えてお届けします。

はじめてのお客さまは
備忘録のページを用意して
上客につなげる記録にします。

お客さま
"備忘録" は
宝物！

"私" のお客さま
備忘録のフォーマットは
132ページへ

→p.132

ショップで "売る" ために役にたつこと
"売れる" ためにつくるもの

ハンドメイドのアクセサリー、手づくり雑貨のブームが始まった頃、買える場所といえば実際のお店、実店舗が基本でした。イベントで作家さんからマーケットプレイスで自宅で買える場所やチャンスが広がるなか量産の商品もくわえセレクトショップに変わったり、閉じるお店も増えました。現在、ハンメイド作品をメインにしているショップは手作業の質感、ひとつひとつ違う作品へこだわり作家の作風への "共感" からものを選び同じ傾向を好むお客さまを積極的に集客接客するお店が中心です。近年、店内で企画展を開くお店が多いのはそのため。手づくりだから安売のお店は減りました。いままでヴィンテージやレアな商品を売っていたセレクトのお店が数年来、ハンドメイドをふつうに売るようになったのも他とは違う自分のお店へのこだわりと作家さんの作品づくりへのこだわりへの "共感" からです。
実店舗との取引は販売分だけ清算する "委託" と最初に卸す "買取" の2ついずれかです。条件を見るとイベント、マーケットプレイスより厳しいですがよいお店なら "共感" からお客さまを探し集め、自分からより多くの作品を売ってくれます。

メリット
▲ お店の人がかわりに接客包装して販売
▲ お客さまが直接いつでも作品を見て購入ができる

デメリット
▼ 売上への〝掛け率〟が高め一点あたりの利益が少なめ
▼ 委託はある程度数が必要販売されない場合は返品
▼ お店の基準で取引を決定希望の作品を置けないことも

実店舗
手づくりの作品の専門店
セレクトショップなど
実際のお店

美容室 飲食店など作品を売ってくれるショップがあります

特にハンドメイドのアクセサリーの小品を待ち合いスペースレジ横など売上よりもそのお店らしさの演出、サービスを兼ね売ってくれるお店が増えました。掛け率は 60～80％と好条件。買取も多いと聞いています。
もし希望ならご近所やおなじみのお店の人にお願いしてみましょう。

お店の雰囲気、立地、客層に合わせて品揃え。
協力／東京押上 和カフェ フジサンデリ http://fujinokuni.biz/

ショップでの掛け率とは？

販売価格（上代）売上のなかの自分の卸額、取り分（下代）の比率です。
委託の場合

人気のショップでは　　**50～60％**
自宅ショップなどでは　**60～70％**

買取の場合　**40～60％**　が多数

3つのマーケット "売れる" ために "ほんとう" に役にたつこと / P.103

箱貸 レンタルボックス
ひとりひとりの作品の ちいさなギャラリーショップ

メリット
- ▲ 常設のちいさなギャラリーでお客さまに直接作品を見て購入
- ▲ お店の人がかわりに包装して販売

デメリット
- ▼ 箱の固定のレンタル料金と販売分の手数料が必要
- ▼ お店により審査制で作品が置けない場合も
- ▼ 破損、盗難など自己責任が基本

BOOKS &GALLERY cafe
Too-ticki
トゥーティッキ

〒 166-0002
東京都杉並区高円寺北2-18-11
TEL.03.5373.0306
https://twitter.com/Tootickikoenji

http://tooticki.exblog.jp

営業時間 12:00 〜 20:00
月曜日 第三火曜日定休

★箱に空きスペースがある場合は申し込みを受付。

ボックスギャラリーはじまりのお店のひとつ。

マーケットプレイスの普及以前、作品をいつでも販売できる場所としてあの街この町に登場した箱貸スタイルのお店。始まりは東京西荻窪ニヒル牛と高円寺のToo-ticki。10余年を経たいまも作家さんと作品と実際に出会える場所として多くの人々が来店。

箱のなかひとりひとりの "私" のお店

ハニーデールさん
東欧の絵本のページを開いたような味わい立体作品、アクセサリー。

QUALIAさん
オリジナルのイラストにビーズやリボンを合わせて。

お店のなかに1人が入れるくらいのちいさなミニギャラリー。レンタルは1週間から。

cochineal designさん
シンプルなデザインと木の温もり。

ambleukiさん
物語がはじまるよう。身につけて楽しい気分になれそう。

erumさん
布とアンティークレースのロマンティックなブローチ。

春吉さん
まるで今にも目を開けそうな樹脂粘土人形の顔ブローチ。

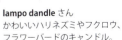

マンボウ☆no.5さん
一つ一つ樹脂の裏からルーターでけずって絵つけしています。

lampo dandleさん
かわいいハリネズミやフクロウ、フラワーバードのキャンドル。

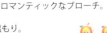

技法指導／古窓のクーニャさん

自分でつくれる 費用少々 とっても便利
ショップで"私"の作品をディスプレイ

まわりの作品ともなじむ色調に
基本色は白

ちいさな場所に置けるものをつくる

箱貸ギャラリーの自分の箱のなかはもちろん
作品委託しているショップでもお店の人にお願いすれば
"私"の作品だけの場所をつくるディスプレイの什器を
置いてもらえる可能性が大。ちいさな"私"の世界に
お客さまをご案内。

まず お店の人に提案してから

自作の什器をまず
見てもらい置いて
もらえるかどうか
お聞きします

他の作家さんのスペースに張り出さないよう
10cm四方以内の什器がおすすめ。

いくつも指輪箱

10cm × 10cm

① 不要の箱、または
p.095のひな段の
方法で箱を自作し塗装。

② フェルトシートを
巻いてボンドで固定。

ディスプレイにしくい
リングたちをいくつも
比べて自由に試せるように
ディスプレイ。

クッション風に
つくるのもかわいい。
製作/conui

アフタヌーンティー風スタンド

せまい場所でも立体的に
作品を飾れる2段皿。

① 使いすて用の
紙皿を数枚位
ボンドでとめて
厚く固めます。

② 白いマットの
アクリル絵の具で
塗装します。

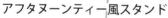

③

アフタヌーンティーのスタンド風の
金具を用意。または、太めの針金で
こちようなかたちを自作
代用します。

きりなどで皿の中心に
穴開け。スタンドの
金具を貫通させ接着剤や
グルーガンで固定。
ニスや塗装で仕上げます。

ブローチやコサージュ
ヘアアクセサリーを
いくつもアレンジ。
おいしそう。

3つのマーケット "売れる" ために "ほんとう" に役にたつこと / P.105

ショップのための什器の自作のアイデアは p.094 のイベント会場の
作品のディスプレイにも兼用で使えます。

リングのタワー立て

プラスチックや木製の既製品だと
2〜300円と意外に高い指輪立て。
10分の1以下の安価で
かんたん手づくり。いい雰囲気。

のりしろ
展開図
300%拡大

① 円錐の型紙に合わせ
厚紙をカット
テープで留めて
円錐に。

② なかに工作用に
軽量粘土をしっかり
箸先などでつめて
底を平面にならして乾燥。

③ アクリル絵の具を
全体塗れば完成です。

自立できる
机や棚のうえ
どんな場所でも
自立ができて
倒れない

いくつもピアススタンド

ディスプレイがしにくいピアスやイヤリング。
専用スタンドを自作。試着もすぐにしやすく便利です。

レースの隙間に
ピアスをひっかけディスプレイ

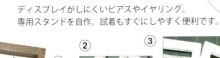

① 100円ショップで
買える額を2つ用意。

② アクリル絵の具で
塗装し乾かします。

③ レースをボンドで
貼り付けます。

④ 蝶番金具で
固定します。

フレーム部分に作家のロゴを
スタンプで押したり。
作品説明のカードを貼ったりできます。

耳飾りツリー

ハンダごて

ハンダはかんたんな
ヤニ入りを使用します。

細かい枝の部分を
ハンダづけ。動かないよう
マスキングテープで固定。

①

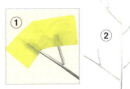

②

木の幹部分にあたる針金を
マスキングテープで固定し
ハンダづけ。盛りすぎたハンダは
ニッパーで切ったりヤスリで
整えます。

土台には
鉄のびんの蓋を準備。
木のパーツを立てる前に
蓋の中心にハンダを盛り
再度、温めながら
立てます。

③

ハンダづけが終わったら
脱脂材(シリコーンオフ)で
よくふき取り、水性のスプレーの
白を塗って乾いたら出来あがり。

技法指導　p118 atelier gumu さん

作品のタイプ別 ベストな売り場所 売り方

p.046 で書いた "私" の新しい "定番" にしたい作品の 3 つのかたち。
いま売りたいと思っている作品はどのタイプですか？それぞれマーケット別に
もっとたくさん売るためのポイント。"私" の目的別にベストな方法。

A シンプル＆エッセンス

多数を短時間でつくれる
材料は安め
補充もしやすい

- サンプル程度を少数作成 販売用の写真撮影

- ホームページ ブログ Facebook Twitter などで発売予告 お知らせ

B 基本のかたちと そのバリエーション

新しい〝定番〟への基本のかたち
材料は一定数を確保しておく
用途別 いろ違い
メインパーツの
バリエーションなど用意

- サンプル＋ショップへの納品 イベント出展の最低必要数を作製

- ホームページ ブログ Facebook Twitter などで 発売予告 お知らせ
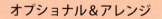
- お客さまの反応〝売れ筋〟などから 製作数、バリエーションの比率調整

C オプショナル＆アレンジ

サンプル以外は注文作製
レアな材で高価
1点もの
または 少数限定

- 少数または一点のみ サンプルを作製

- 作製経過など ホームページ ブログ Facebook Twitter などで報告

3つのマーケット "売れる" ために "ほんとう" に役にたつこと / P.107

他のタイプとならべて販売
安価な作品を買いたい人、お試しに作品を買ってみた人
今後のお客さまのへのきっかけを逃したくない人におすすめ

"私" の目的

マーケットプレイス
注文数に合わせて
まとめて生産作業
まとめて発送

イベント

まず収入を得たい

アクセサリー作家として
簡単に活動を始めたい

限られた行動範囲でも
活動は維持したい

お店の人から
お客さまの反応
"売れ筋" など
教えてもらう

ショップ
実物を手にして
お客さまが選べる
売り場で販売

限られた作家活動の
時間のなかで
自分のオリジナルの作風
ブランド価値を伝えたい

マーケットプレイス

イベント

イベントでは一押しの新作としておすすめ
バリエーションから選べるディスプレイ
マーケットプレイスではつくった理由や
おすすめ理由をサブ画面や文字で書き込み

ショップ
お店に置いた
サンプルの実物を
お客さまが確認
注文受付

イベント
実物を手に
お客さまに
直接接客
注文受付

アクセサリー作家として
評価と上客 収入を得て
長く活動を続けたい

■ ハンドメイドとアクセサリー これからのかたち ■　　　文/取材 皆川真奈美

#1 雑貨の街 "吉祥寺" でいま おこっていること

雑貨のお店やギャラリーが集まる街といえば吉祥寺。東京で日本でというより、世界で一番ハンドメイドのアクセサリーの作品たち、手づくりの雑貨を求める人々が世界中から訪れる街です。吉祥寺でずっと変わらないこと、いまおこっていること。この街ならではのお店とできごと。そこにこれからのハンドメイドのヒントがあります。

ショップ

BOOKS &GALLERY cafe
点滴堂

**ハンドメイドと古書、カフェがひとつの場所
どこにもない ここだけのひとつのかたちに**

お店に入ると "いま読んでも新鮮" と感じるさまざまな年代の本がならんいます。すぐ隣がハンドメイドの作品なども数多く展示するギャラリー。訪れるごとに違うテーマで作家さんの作品たちと出会える企画展を開催。テーマに合わせて選ばれたむかしの本たちとの一体感が心地よい雰囲気をかもしだしています。
ものづくりをする人たちとの縁でこのスタイルが自然にできたと話すオーナー稲村さんのおだやかな人柄と、直感を大事に場所づくりをしているこだわりが全国から訪問者を集めています。

てんてきどう
〒180-0006
東京都武蔵野市中町1-10-3 2F　★三鷹駅より徒歩5分
TEL.090.6796.5281　info@tentekido.info
12:30～21:00　月・火休み
http://tentekido.info/

心地よいカフェがお待ちかね♪

不思議の国のアリスが落っこちたウサギ穴の本棚を逆にうえに登るように2階のお店へ。

吉祥寺がハンドメイドの街として人気の理由は "住む人" と "つくる人" がここに集まり "買いたい" "売りたい" という思いの交流を長く続けることで街やお店、作家さんそれぞれのスタイルをつくってきたことです。
他にはないこの街の魅力が "吉祥寺" という名のブランドをつくっています。

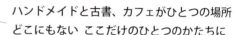

Events

お客さま

お店の人

Twitter

交流が新しい
作品のヒント
お客さまを広げる
きっかけに

作家さん

作家たち

オーナーの稲村さんは
来店者や企画展や出展の作品
作家さんに関心のある人たちと
Twitterなどで交流、コンタクト
フォローしている人にもお店や
作品の魅力が伝わります。

オリジナルグッズも作家さんとコラボ。

ハンドメイドとアクセサリー これからのかたち / P.109

吉祥寺がハンドメイドの街としてのブランドになり、全国、海外からのこの街にしかない魅力とものを求めて集まることで、特定のテーマにこだわった《作家・お店・お客さま》のちいさなでも、関係の深い"買いたい""売りたい"どうしの場所がいくつも生まれ広がっていきます。

BOX GALLERY
匣ノ匣

「見て楽しんでもらいたい」 箱それぞれにこだわりがならぶ場所

「面白い作家の場所はつくる」そう話すオーナーの一人は 2010 年他の 3 人とクオリティとこだわり重視の箱貸ギャラリーをオープン。お客さまにすすめるには、ほれこんだこものだけ置くとの思いから出品の作家には審査が設けられている。妥協を許さない空間だが「お店にやってくる最年少の客は小学二年生」とオーナーの笑顔はやさしい。ひとつひとつの箱のなかに子どものころ感じた好奇心がよみがえります。

はこのはこ

ちいさな箱のデビューから
全国のファンを集めた作家さんも

〒 166-0001
東京都杉並区阿佐谷北 1-35-8　★取材後、移転となりました
haconohaco@gmail.com
http://ameblo.jp/haconohaco/

お客さま

おなじこだわりどうしの口コミが
ネットでの交流がお店と作家さんへの
関心、作品を買いたい気持を広げます。

お客さま

イベント

全国あちこち、フランスや台湾でも日本と
同じスタイルで開催されている手づくり市
ハンドメイドのマーケット。その始まりも
おそらくこの街。30 年以上前の 1980 年頃
週末の井の頭公園でひとりひとり自発的に
ハンドメイドアクセサリーや雑貨などなど
ベンチや路上に手づくりの作品をならべて
売る人たちが登場、フリマの人たちも参加。
池のほとりの休日の風景になりました。
公共の場所で通行の邪魔などで禁止になりましたが
その人気や継続を求める気持が、その後の日本で
一番品揃えと言われる吉祥寺パルコの屋上フリマ
デザインフェスタへの流れにもつながり、現在は
「アートマーケッツ」として再開されています。
いま吉祥寺は、こだわりのモチーフやテーマで、
ハンドメイド作家たちのグループ展の場所として
さまざまなジャンルのファンが行き交う場所。この街には
"文鳥"の企画展には全国から千単位の人が整理券を求めて集まり
ここでしか買えない作家の作品を探しに世界の人々がやってきます。

ここにしかないもの
ここだけのできごとが
人々を集める魅力です。

これからの
かたちのヒントは
▼

どこにもない
ここだけ
"私"だけの
かたち

作家どうし
お客さまどうし
売る人たちとの
関係づくり

つくる側
買う側 売る側の
こだわりの
共感

■ ハンドメイドとアクセサリー　これからのかたち ■

#2 そして これからのかたち

雑貨の街の吉祥寺でおこっていること、そしてハンドメイドの
つくり方売り方の変化から分かるこれからのかたちの3つのヒント。
それは、ひとりひとりの現場でもこれからの"つくる""売る"かたちを決めるヒントです。
多くの作家さんといっしょにハンドメイドに関わる本をつくり、お店やイベントで実際に
売る立場でもあるくりくり編集室から3つのヒントの答えを見つける提案があります。

これからの
かたちのヒントは
▼

- どこにもない ここだけ "私"だけの かたち
- 作家どうし お客さまどうし 売る人たちとの 関係づくり
- つくる側 買う側 売る側の こだわりの 共感

「くりくり」

2005年の創刊から現在まで
手づくりのかたちの
変化をページに刻んでいた
マガジンブック
シリーズ。

くりくりの本

一冊ごとにハンドメイドに
関わるテーマで作品やつくり方を
集めて本にしています。

「くりくり」とくりくりの本は
全国の本屋さんで購読できます

二見書房から発売中。
バックナンバーの注文も大丈夫。
amazonなどのサイトからでも購読できます。

くりくり編集室のショップ＆ギャラリー Amulet
東京渋谷には支店くりくりシブヤ。いらっしゃい♪

Kindle version

「くりくり」のウェブ版 新装刊
これからのかたち ページにします

------------------▶

リトルマガジンのスタイルで
十余年前に創刊した「くりくり」を
ハンドメイドとアクセサリーの
これからのかたちを読者といっしょに
つくるウェブマガジンのスタイルに。
ウェブのマーケットプレイスの
多くの作家たちの場所ともリンクします。

くりくりの本の一冊
「パーツからつくるアクセサリー」
いま手にしている本書は
この本の姉妹編としてつくりました。

東京、関西、各地でハンドメイドの
企画展、公募展「くりくり展」
毎年いくつも開催しています。

作品を"買う人""売る人"と
いっしょにマーケットをつくる
これからのかたち 次のページへ

■ ハンドメイドとアクセサリー　これからのかたち ■

つくる人どうしの関係に買うお客さまもくわわり
ものづくりができるウェブマガジンのかたち。
買いたい人がいるという確信からいままでにない
"私"だけのかたちがさがせる新しい本づくり。

作品作成／河村アントン

Scroll →

Kindle pages

#2　MUKASI という名の
　　ブランドづくり

お母さんおばあちゃんがまだ少女だった頃の
ワンピース、モノクロのスクリーンのなかで
見た時の彼方の少女たちの装い。その服のラ
インやデザイン、襟や袖のディテールにいま
のにはない新しい魅力を感じた人はいません
か？

大正時代のお嬢さま服の原型は1920年代のドイツや
北欧のシンプルなラインを基調にしたものがたくさん。
いま人気のmina などのデザインとも通じています。

つくれる人と
買いたい人が
集まって いっしょに
新しいかたちの
"ブランド" づくり

いっしょにものづくり
つくり方さがしの結果を
ほんとうの本のかたちに

例えば、むかしの少女服テイスト
でもいま着ると新しい手づくりの服の
かたちいっしょに考え、販売する
関係をつくります。

いままでのくりくりの本に続く
全国書店で発売するほんとうの
本のかたちにつくる側とほしい
側が見つけたアイデア、提案を
アレンジします。

ハンドメイドとアクセサリー　これからのかたち / p.113

作家どうしが
アイデアを交換
いっしょに
つくり方を探して
ページづくり

くりくり kindle

作家さん

目でみるだけを基本に
つくり方や技術を
自分のものにできる
見たことのない
テキストブックを
ウェブでお届けします

silent TEXT #6

立体刺繍〈デイジー〉
生地／綿麻混合
針／刺繍用3号
　刺繍糸　緑 #31 紫 #48 組 #44
作成製作 / mizuno ときこ

作家さんのつくる現場のプロセスを
時間経過をそのままページにしたり
売れるかどうか自信のない、でも
つくってみたい作品のスケッチだけ
公開して見る人の声を聞いたり
見たことのないページを手づくり。

■ ハンドメイドとアクセサリー　これからのかたち ■

Kindle page

自宅や
つかっていないお家
空いているお店
売る場所 売る人との
関係づくり

あえて改修、改装をしない。それが古家を
つかって週末や期間限定のお店。イベントを
この場所で開催するためのポイントです。
それを間違えコストや人件費をかけることは
禁物。プラン倒れの結果になります。

古家の方がすてき。
"私" の作品たちが
お客さまと
出会える場所に
つかいたいという
声があります。

東京や大阪の大きな街で
高い家賃や人件費を使ったお店より
地方、田舎の自宅ショップの方が
ハンドメイドのアクセサリーが売れる
という作家たちの経験や結果を
ページで伝え "売る側" として
エントリーできる人をさがします。

マーケットプレイスでは実際に作品を手にできない
遠くのイベント出展は経費や時間がかかるなど
いまの"売り方""売る場所"のデメリットに答える
新しいアイデア その実現にトライします。

1928

くりくり kindle

#5 むかしのなかにある
　　これからのお店

旅先で訪れた閉じたシャッターのならんだ商店街。
人通りはまばら、でも、駅からすぐ。雨でも大丈夫の
光のさすアーケード。アクセスのよさと雨天でも開催
できる点でマーケットイベントにとても好条件。でも…

くりくり編集室が
運営したいままでの
ショップやギャラリーは
築数十年以上の古家を
リニューアル。
この経験を古いお家やお店
スペースでの"売る場所"
づくりに活かします。

1965

あの街この町の
シャッター商店街のあいている場所
休日をつかったこれからのイベントの
かたちをページでプラン。

つくる人と
買う人 売る人が
いっしょにつくる
これからの
マーケットづくり

kindle 版
くりくりを読むには

くりくり編集室が運営する
東京押上のお店 AMULET の
ホームページから購読できます。

http://amulet.ocnk.net/

ひとりひとりがいまいる場所
自分ができること、持っているものを基本に
お客さまをよぶマーケットのかたちをつくります。

サイト内検索　押上 AMULET

作家さんたちの"ほんとう"の声を聞きました

「自分らしいハンドメイドの作品のアイデアの探し方、つくり方、お客さまの見つけ方教えてください」
この本づくりに参加してくれたアクセサリーの作家さん、くりくりのお店やイベントに出品している
いろんなジャンルのハンドメイドの作家さんたち、ひとりひとりに聞きました。

Fluffy
作家歴10年以上 / 今ではこれがお仕事。
主に素材を見て、アイデアが浮かんでくることが
多いです。自分の作品をお客さまが笑顔でながめて
いるのを見ているだけで幸せになります。
http://fluffy.simdif.com/

F-girl
作家歴4年 / 出来あがった時、自分で手放したく
ないって思うくらい、心を込めて制作しています。
イベントなどで実際に手に取っていただいた時の
お客様の笑顔は本当にうれしくてハンドメイドを
続けられています。
http://fgirl.exblog.jp/

dip
作家歴4年 / 可憐な花のひと時を
閉じ込めたたくてドライフラワー
アクセサリーに。いろいろな花の
ドライにチャレンジし
自然の美しいいろやかたちを
残せるよう思考錯誤しています。
https://minne.com/dipppu

眠れる森 /mica TAKEO
作家歴 2003年より / 女の子が大切にしている
宝物を集めた秘密の屋根裏部屋をテーマに
作家活動をはじめ2008年に女の子の夢みる世界を
表現するクリエーターユニット
『眠れる森 Sleeping Forest』を立ちあげる。
イベント企画・運営、空間演出、作品づくり
雑誌や広告のディレクションなど、多方面で活動。
眠れる森に訪れてくださった方が、まるでアリスが
うさぎ穴に落ちて、不思議の国に迷い込んだような
童話の世界が現実になったような、空間づくり
ものづくりをしています。
作品やイベントの様子などは Instagram などの
SNS に発表。フォロワーも五万人を超え
アジア・ヨーロッパを中心に海外からの
お客さまも多い。
http://www3.to/sleeping-forest
https://www.facebook.com/sleepingforest.love

絢
作家歴半年 / アンティークで2つで一つの意味を
持った作品が欲しくて創りはじめました。そのため
作品が自然とアシンメトリーが多めになりました。
科学や神話が大好きで、創る前に深く読んで
作品に意味を持たせています。
http://spiegellicht.blog.fc2.com/

Le Sourire M
作家歴10年 / シンプルさと遊び心の
ちょうどいいバランスを、日々探りながら
制作しています。いろの組み合わせや
フォルムは、ファッションからヒントを
得ることもあります。お客さまに作品の
イメージをわかっていただけるよう
出展のディスプレイも大切にしています。

Écru
作家歴 アパレルメーカーのデザイナーとして
11年。その後個人での作家活動12年 /
作品づくりのアイデアは、自分が欲しいな
持ちたいなと思ったものが基本です。お客さまは
委託店やSNSから見ていただいています。

mignonne 8
作家歴7年 / 散歩中にみかけた草花や何気なく
みた本やモノから作品のいろあいやモチーフの
インスピレーションもらったり、絵など描いて
イメージをふくらませたりします。

atelier Serenade
作家歴1年 / 絵画やデザイナー経験を活かして
作品の色彩や写真に力を注ぐと短期間でも注文が
増えていきました。運営・制作に対しても
あきらめない気持ちや、お店の事を家族や
友人たちと楽しく話せる環境も大切だと思います。
http://ameblo.jp/atelier-serenade/

3Re+n
作家歴3年ほど / ブレスレットづくりを主に得意と
していて、作る作品は天然石と編むという行為を
組み合わせたものが多いです。
作品づくりのアイディアの探し方は、自然界にある
植物や風景の形状やいろあいから発想を得ています。

☆ベガのひつじ☆
作家歴5年 / 羊毛フェルトをネット講座で習って
からネットショップ、委託から始めてご縁が
つながりさまざまなイベント、ワークショップ
お客さまからオーダーいただくようになり
SNSのアップから見ていただく機会が増えました。
http://ameblo.jp/vega47/

作家さんたちの "ほんとう" の声を聞きました / P.117

シャッポ
作家歴 2004年から約12年／国内外のさまざまな
ハギレ、ヴィンテージファブリックを使い
同じ組合せは1つとないカラフルなヌイグルミを
つくっています。レトロを意識してつくっています。
https://twitter.com/koto_nuigurumi

tomomi kokubu
作家歴 2009年頃から本格的に個展や
グッズ販売／日々の中でこぼれ落ちそうな
ことを集めて描いているのも
想いをぎゅっと詰め込んだパックなどで
絵を身近に感じていただけたら…
と思っています。
http://tomomikokubu.jimdo.com/

KU:
作家歴 2012年弊店の刺繍ブランド maly pkoj から
アクセサリーブランドとして誕生／夢で見た光景や
幼少時の記憶、憧憬などが創造の源であり
ユニークで時に抒情的な世界観を目指しています。

caramel tree
作家歴 2年／頭の中で浮かんだ「つくりたいな」と
いうイメージを温め、手を動かしてゆくうちに
お花のアクセサリーが出来あがりました。
お客さまがよろこぶ姿を考えるうちに次の作品の
アイデアが生まれます。
https://minne.com/dpfng
http://www.creema.jp/c/caramel-tree

Warm Hearts
作家歴約2年／「羊毛ふわもこうさぎ」は
弟が腕にすっぽり入るくらいの大きさで
ふわふわのうさぎが欲しいと言ったのが
きっかけで生まれました。
看板羊毛うさぎがきっかけで
お客さまとお話する時アイデアが浮かぶ
ことも多いです。
http://ameblo.jp/warmhearts444/

mag
ブランド名 maggy*naggy
作家歴 14年／好きな曲や心に引っかかった言葉、
日常の出来事からイメージをふくらませ
自身の感情のままにお人形をつくっています。
ブログや SNS でつい作品愛が出てしまうので
お客様は共感してくださっているのではと思います。
https://mag.themedia.jp/

ヒコチコ
SNSを利用して宣伝を拡散して活動しています。
毎年手づくり市や展示会に参加して作品をつくって
います。ぬいぐるみをメインとしていましたが
最近は布小物やブローチ、紙雑貨も販売しています。
http://hicochicoroom.jugem.jp/

Miyalie ribbon
作家歴 3年／見たことがないようなデザインの
こだわりを持つようにしています。例えば
アンティークの一点物ボタンやレースを使ったり
ハンドメイドならではの一点品の貴重な作品を
つくることです。
http://www.miyalieribbon.com/

MOOROOM
作家歴約5年／バッグやアクセサリーを毛糸刺繍や
コラージュなど。キャラクター MOO（むー）ちゃん
のイメージを具体的に決めてアイデアに迷ったら
常にそこに立ち戻るようにしています。
お客さまの見つけ方は、作風に合ったお店屋さんに
お願いできるようにマッチングを重要視してます。
あとは年1回のデザインフェスタ。多様な作風の
かなでブラッシュアップ。最旬のリサーチも兼ねて。
このミクロとマクロ？正反対の2本立てで、
学び伸ばしていきたいと思っています。

kaco Bijoux
作家歴 5年／カテゴリーにとらわれず
ユニークなもの素敵なものを見つけたら
いろんなかたちをアクセサリーにしてみたら
どうかなという視点で製作してます。
出来あがった作品をさらにアレンジして
作品の幅を広げております。

motoco
作家歴 12年／日々の暮らしのなかで見つけた
かわいい花や虫、懐かしい景色、せつない音楽
ドキドキする季節…。そんなちいさなトキメキを
表現できたら、手にしてくれた方がちいさな
トキメキを感じてくれたら……
そんな想いで製作しています。

AZUR&CO. by Cigale
作家歴 いそがしい時あったら便利でかわいいいも
の！やフランス雑貨、愛兎ルディをモデルにするな
どデザイン制作して10年／バックンポーチが定番と
なり、催事などでご縁がつながったり口コミの
おかげさまで好評をいただいています。感謝☆
http://ameblo.jp/ruddyhand

apila
作家歴 14年以上／テラコッタをもっと身近な
アクセサリーとしてかわいらしくできないかしらと
素材と革、ビーズ、ワイヤーなどの別の素材と
コラボを楽しむことで作成。
ンストラクターとして作陶の指導をしながら活動。

atelier gumu
作家歴9年／普段の生活のなかや子ども、動物の些細な仕草で面白いなと思った事や散歩をしながら自然にふれたりすることからアイデアをもらっています。作品を見てくださった方との何気ないおしゃべりを大切にしています。

Woolen Dogs *Samantha*
作家歴約9年／動物が大好きなのでその気持ちがそのまま作品になっていると思います。お客さまから作品の動物がみんな幸せそうに笑っていると言っていただいたり、ステキなお店の方から作品を置きたいと言っていただけるのが製作の原動力になっています。

escapism
作家歴2013からなので3年ほど／
・いろんな販売イベントに参加してまずはブランドを知ってもらう努力をする。
・レンタルボックスのあるお店においてもらう。
・SNSをこまめに更新する
・作家仲間ができたらその方々に関連するイベントにも　顔を出して人の輪を広げられるようにする。

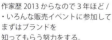

chéri.e moi
作家歴7年／シェリ モワ 一愛しい大切なわたし。という意味も持つその名のように、愛しく思ういろや感性を大切に。花のいろを意識して手染め、Antiqueと紡ぎ 手縫いで一点ものの世界観を日々大切な人へ贈ることを心がけています。
http://www.cheriemoi.com

mogran
作家歴3年／作品には題名を付けその題名から情景や感情を想像しやすくしていま。タティングレースは糸だけだとデザインが似てしまうので、ビーズなどと組み合わせてコラージュしオンリーワンになるよう工夫しています。

RENbear
作家歴 作風が固まったのはここ3、4年／本業が創作系なので、アイデアは普段からいろいろあるのですが、自分は何が好きかをいろんな角度から突き詰めていくと迷わなくなる気がします。

ねごろあきこ
作家歴6年／イラストは描かず、つくりながらイメージをかたちにしていきます。だからときどき変なのが生まれます。でもそんな「売れなさそうな変なの」にこそ、次の作品につながるあたたかなイメージが宿っていたりします。

handmade kind
作家歴11年／我が子の衣服や持ちものにと始めたハンドメイドでしたが、たくさんの方々に目にとめてくださり、オーダーを受けるようになりました。また、ギャラリーでの布絵や布オブジェの展示や書籍に作品掲載のお声をかけていただき、様々な手芸材料を使って想いをかたちに。近年は、映画やミュージックアニメーションの美術協力、店舗ディスプレーなど活動の幅が広がっています
http://happy.ap.teacup.com/kind/

Tralalala.
作家歴7年／ジャンルにとらわれず好きなものをたくさん見つけてストックするようにしています。

prankish
空想の世界を切り取ったようなアクセサリーをつくっています。なかなか既製で欲しいパーツがないので好きなパーツや使いたいパーツは自分でつくります。全ての材質を扱えるように何でも取り入れるようにしています。そうすることにより自分の世界観を出しやすい気がします。
http://prankish.petit.cc/

うさかな
作家歴 2012年。「出かけるときも一緒に」と愛犬をモデルにつくったとんぼ玉。それ以来身近で愛しい硝子のイキモノをつくり続けています／ブログでは、毎月とんぼ玉にクスッとなるようなおはなしをそえて発表しています。
http://ameblo.jp/coroncocoronco/

樫野 弘美
作家歴10年／ほんものにふれることが1番勉強になると作品をはじめたころから考えていて花を見に植物園に行ったり、干支作品の制作前に動物園に行ってみたりして作品のデザインなどを考えています。

geirin akiko
作家歴6年／アイデアは散歩をしている時にふと考えます。今のこの瞬間が楽しくなるもの笑顔が思わずこぼれてしまうものそんな遊び心を日々探求しています。
http://www.dakota-kobo.com/

作家さんたちの"ほんとう"の声を聞きました / P.119

puco
作家歴 10 年 / 日常にある身近なもの外に出て見たもの子供のころに読んだ絵本やお話の記憶を素材にシーンを思い浮かべちいさくなった気持ちで粘土を練りながらアイデアを固め作品にしています。

kotorie
作家歴 7 年半位 / 素材と向き合い試行錯誤しながら思い描いたものをかたちにするように制作してます。手づくりイベントをきっかけに、様々な方たちと出会うことができ、いまに至ります。
http://kotoriebox.web.fc2.com/

mannenRou
作家歴 2007 年より羊毛を中心とした作品を制作 / 羊毛とニードル刺繍の自由自在さにとりつかれ描くようにあらゆるいろ、素材（毛糸や糸、はぎれ）を使って絵本の世界や、アニメーションのように物語や動きを意識して作品づくりをしています。すべてイメージからの即興のため、製作ノートや下書きは一切ありません。

坪井美香
作家歴 お休みをしていた時期もありますが活動年数は 12 年ほど / 日常の生活で目に留まったものをハンドメイドでどう再現できるかな？と考えることが習慣になっていてそれが作品づくりにつながっていると思います。

すずらんまーち
作家歴 6 年 / 作品のアイデアは日々の生活のなかで印象に残った物事、風景、生きものなどを自分なりの"かわいい"というフィルターを通して見てかたちにしています。
多くの方に見ていただけるようブログで情報を発信しています。
http://suzuranmarchi.blog109.fc2.com/

HANE
作家歴 羊毛フェルをはじめてから 4、5 年位です。つくる時はポーズから考えます。映画などを見ている時に思いつくことが多いですね。今年は個人でハンドメイドイベントに参加しようかと考えてます。
http://ameblo.jp/hane033/

mogu
作家歴 独学で刺繍を始めて 10 年 / 一つ一つのモチーフから物語を感じてもらえるよう絵を描くように刺繍しています。Instagram で作品を発表したり、イベント参加のお知らせ、委託先への納品の情報を発信。
http://instagram.com/mogu301

TiCaTiCa
作家歴 ハンドメイドアクセサリー作家としては 3 年目 / アイデアは日常で見る景色、写真いろ合いを意識して見ていて自分の感覚だけをかたちにしています。
お客様を見つけるより、見つけて欲しい！と思い自ら発信できる SNS を活用しています。

still
さまざまな素材や道具を日頃からたくさんみてそこから自分だったら何がつくれるか考えておくのも制作のヒントの一つになっています。
https://twitter.com/still_nanashiro

かぶとくんの庭
作家歴 2010 年より / 羊毛フェルトを始め現在は切り紙モビールや多様な素材を組み合わせた作品づくりを楽しんでいます。
http://kawbutokunnoniwa.blog118.fc2.com/

さっちん
ビーズ、レース、モールなどお人形っぽくない素材ですが、表情を描き入れると心を持ったような人形やくまが出来あがります。
いつも身に着けられるようアクセサリーなどにアレンジしています。

髙田 ナッツ
作家歴 5 年 / 雑貨の世界観が伝わるよう、雑貨でつくった猫が主役の漫画をフリーペーパーにして配ったり、タグにも手描きで漫画を描くなど工夫しています。
http://nut1107.blog.fc2.com

clover n*
作家歴 19 年 / アンテナを広げながら思いついたアイデアはとにかくつくってみる♪そこから、試行錯誤〜気に入ってくれた方々からリクエストなどに応えながら、次へとつなげていまに至ります。
http://clovern.petit.cc/

Dacia
作家歴 2 年 / 好きな花と鳥を使いたいと考え粘土で鳥を作ったのが、きっかけとなりました。自分の好きな世界観を押し出す事で、お客さまの印象にすこしでも残る作品がつくれるように努めています。
https://twitter.com/dacia555

作家さんたちの "ほんとう" の声を聞きました

羊毛バッチ　cosumiginn

作家歴6年目 / 羊毛では珍しい平面とリアルにこだわるマニアックな作品づくり。
リアルすぎるが故にお客様にはより愛犬、愛猫にそっくりな仔を求められオーダー中心の活動。
そのためにイベントに出展し、まず "知ってもらう" ことを心がけています

yuginoo.

作家歴5年 / おとぎ話をつくる感覚でイメージをふくらましています。つい引きこもりがちになる作品制作ですが、オーダーメイドやイベントなど人と関わることで新たな発想が生まれたり作品の幅が広がってきました。
http://www.yuginoo.com/

スモッキング　Atelier Green

作家歴6年 / スモッキングの子供服を知っていただきたくてデザインフェスタに出展したのが活動の始まり。大勢の方に見ていただくことで人脈や作る物の幅が広がりました。
これからも少しずつ手を動かしていきたいです。
http://www016.upp.so-net.ne.jp/atelier-green/

423

作家歴 2009年からアクセサリーを製作 / 最初は海外からパーツを取りよせて制作していましたが欲しいパーツが見つからず、やっと見つけた気に入ったパーツは廃盤へ。パーツを自分らしく組み合わせるのが苦手で、パーツ自体を制作したいと思うようになりました。
念願かない、2013年からオリジナルパーツで制作しています。
つくりたいもののイメージが突然わいてきます。すぐに忘れちゃうのでイメージを書きためてその中から実際にかたちに出来そうなものをピックアップ。レジン、ヴィンテージガラス天然石と合わせて私にしかつくれないものを心がけて制作しています。

Panda factory

作家歴5年 / アイデアは手を動かすことで浮かぶので、いろいろなワークショップに参加し作品をたくさんの方に見ていただくためにイベントに参加したりハンドメイドサイトに複数登録しています。

PAPI

作家歴2年 / 「キラリと光る」がコンセプトの美しくかわいい輝きを大切にしたティアラアクセサリーを製作しております。
おもしろい出合いのオンリーワンを楽しんで頂きたいです。
http://papikirakiratiara.wix.com/tiara

ririgurumi

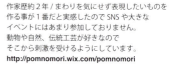

作家歴3年 / お客さまにも自分にも刺激と新たな発見があるように、同じモチーフでもいろやアイテムバリエを豊富にしてます。
私の場合、アイディアはいままでつくったものの積み重ねから生まれます。

pomnomori

作家歴約2年 / まわりを気にせず表現したいものを作る事が1番だと実感したのでSNSや大きなイベントにはあまり参加しておりません。
動物や自然、伝統工芸が好きなのでそこから刺激を受けるようにしています。
http://pomnomori.wix.com/pomnomori

猫毛フェルター　蔦谷K

作家歴2009年『猫毛フェルトの本』出版以来「猫毛フェルター」と名のって活動中 /
愛猫をブラッシングして集めた毛でつくる「猫毛フェルト」はつねに猫自身が作品の原点。
http://nekokematsuri.blog.shinobi.jp/

A.S.P

作家歴2007年より活動 / ラッピングの仕事から紙でアクセサリーができないかな？とつくりはじめました。
自然の景色を眺めたり、心に浮かんだかたちをシンプルに表現しています。
毎日使えるかわいいを目指して。

マチル

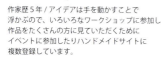

活動を始めて11年目をむかえました。
以前はちいさな立体作品をメインとしておりましたが最近は色々な動物の平面作品を多くつくるように。
現在は多くの羊毛作品が流通しているのでより自分らしさが必要と考えたためです。

手づくりの小鳥 hato*hana

大好きな小鳥の雑貨を手づくりして10年ぐらいになります。飼われている小鳥と同じいろの小鳥雑貨を探されているお客さまも多いのでできるだけリクエストにお応えしていきたいと思います。
http://hatohana.sakura.ne.jp/

アクセサリー素材・パーツ

量販店 / 専門店

東京

貴和製作所
パーツ、材料の定番店。本店以外に都内近郊に全 12 店舗。
●浅草橋本店 / 〒 111-0053 東京都台東区浅草橋 2-1-10
9:30 ～ 19:30　日・祝休
http://www.kiwaseisakujo.jp

東京堂
アートフラワー、造花素材に関するアイテムが豊富な品揃え。
本店 / 〒 160-0004 東京都新宿区四谷 2-13
9:30 ～ 17:20　日・祝休
https://www.e-tokyodo.com

東京リボン
リボンとラッピングアイテムの専門店。
〒 160-0004 東京都新宿区四谷 3-2-2TR ビル
9:00 ～ 17:00　土・日・祝休
https://www.tokyoribbon.co.jp

大阪 / 兵庫

大阪サンセイ
手芸材料とフラワーデザイン資材が充実。格安。
〒 530-0001 大阪市北区梅田 1-11-4
大阪駅前第 4 ビル B2-39・40
9:00 ～ 19:00　日・祝休
http://www.osakasansei.co

服飾の店 タムラ
説ボタンやブレード、レースの取り扱いが豊富。
〒 530-0018 大阪市北区小松原町 4-22
10:30 ～ 18:30　日・祝・第 2・3 土休
http://www7b.biglobe.ne.jp

Antique Fabric Pinks
オリジナル生地やヴィンテージ生地、リネンなど。
〒 553-0003 大阪市福島区福島 3-1-39 メリヤス会館 203
★営業日 HP 確認
http://pinks-web.net

ABC クラフト
アクセサリー、クラフト、手芸素材の総合ショップ。
HP では動画でつくり方レッスンを公開中。
〒 545-0052 大阪市阿倍野区阿倍野筋 1-6-1 Q-301
他に枚方店あり。
10:00 ～ 21:00　★店舗により異なります。
http://www.abc-craft.co.jp

手芸の丸十
加古川に本店をかまえる手芸用品のチェーン店。
本店 / 〒 675-0068 兵庫県加古川市加古川町中津 554
10:00 ～ 19:00
★各店舗詳細 HP
https://www.maru-jyu.com

九州

トライ・アム　サンカクヤ
福岡を中心に手芸、ホビーの総合ショップを展開。
薬院店 / 〒 810-0022 福岡市中央区薬院 1 丁目 14-5
MG 薬院ビル 1F
各店舗情報は HP を参照
http://www.sankakuya.org

北海道

カナリヤ
北海道内に 6 店舗ある手芸の総合ショップ。
本店 / 〒 060-0061 北海道札幌市中央区南 1 条西 2 丁目
10:00-20:00　★各店舗詳細は HP 参照
http://www.kanariya.co.jp

全国

PARTS CLUB
アクセサリーパーツ、材料のチェーン店。全国 60 店舗。
浅草橋駅前店 / 〒 111-0053 東京都台東区浅草橋 1-9-12
10:00 ～ 20:30 ★曜日により変更あり
http://www.partsclub.jp

ユザワヤ
全国に展開する手づくりホビー材料の大型専門店。
蒲田本店 / 〒 144-0051 東京都大田区西蒲田 8-23-5
10:00 ～ 20:00 ★各店舗は HP を参照
http://www.yuzawaya.co.jp

ホビーラホビーレ
ハンドメイドから始まる暮らしを提案する総合ショップ。
★各店舗情報は HP を参照
http://www.hobbyra-hobbyre.com

手芸センタードリーム
全国 70 店舗以上ある大型手芸総合店。
★各店舗情報は HP を参照
http://www.dream-ono.co.jp

アクセサリー素材・パーツの仕入先　P.123

自宅から24時間いつでも仕入れ♪　ネットSHOP

Amazon
http://www.amazon.co.jp
書籍に限らず様々な雑貨、手芸パーツや素材も豊富。注文すぐ届くのもうれしい。
支払 / クレジットカード　など

楽天
http://www.rakuten.co.jp
ランキングやレビューなどを参考にしながら買いものできるのもメリット
支払 / 各店舗で異なる

Collage
http://collage-net.shop-pro.jp
かわいい商品からおもしろい商品まで幅広く取り扱い。まとめ売りでお得な商品も。
支払 / クレジットカード　など

mufmuf
http://mufmuf.jp
ヴィンテージとコンテンポラリーをミックスしたアクセサリーパーツショップ。
支払 / 銀行振り込み　など

空色手仕事店
http://caerula.shop-pro.jp
作品づくりで材料を集めているうちにメインが材料集めに…店長のこだわりパーツ♪
支払 / 銀行振り込み　など

snariris
http://snariris.com
レジンのアクセサリー材料や海外もののレアパーツも取り扱う。
支払 / 銀行振り込み　など

Poche
http://www.poche-gold.com
きれいめなチャームやパーツなど大人かわいい商品を豊富に取り扱い。
支払 / クレジットカード　など

VELVET BLUE
http://velvet-blue.com
店主が世界中からから集めたパーツ類を販売。ヴィンテージ品も多数あり。
支払 / クレジットカード　など

マーケットプレイスでもパーツや材料を出品購入できます♪

minneの"素材・材料"の一覧画面から。

完成した作品以外のハンドメイドのための素材や材料パーツの出品者。品揃えも充実。ショップのサイトにはないもの半加工のレアパーツなどなど見つかるかも♪

Kinari
http://www.tonbodama.com
とんぼ玉・バーナーワーク（ガラス細工）の専門店
支払 / 銀行振り込み　など

マーケットプレイスのガイドは085ページへ　→p.085

個人でも いくつも たくさん発注できる

工場 / 工房 List up

パーツ

オリジナルの
パーツオーダー など

JEWELLRY PARTS KOBO.COM
ジュエリーパーツ製作から天然石カットオーダー など。
Tesoro 東京店
〒111-0053 東京都台東区浅草橋2-1-2 池田屋ビル2F
Tesora 大阪店
〒542-0081 大阪市中央区南船場4-6-17 青山ビル2F
http://parts-kobo.com

Mon couleur
オリジナルのチャームやオーナーが加工するビーズ など。
http://moncouleur.shop-pro.jp

C-WELL CO.,LTD
オリジナルプレートを100枚から作成。
http://www.c-well.net/or-plate.html

Leche
オーダーメイドでくるみボタンをつくります。
〒732-0016 広島県広島市東区戸坂出江1-8-18
http://leche-handmade.com/

樹脂加工ドットコム（三森製作所）
プラスチック加工業者が1個の製作からも対応。
〒404-0047 山梨県甲州市塩山三日市場2273
http://www.jushikakou.com/

吉田商事
オリジナルパーツ製作など。数量、個数応相談。
〒111-0053 東京都台東区浅草橋3-20-14
http://www.yoshida-shoji.co.jp

生地・プリント

絵柄をデザイン、描いてオリジナル など

coromoza
ファッションのコワーキングスペースで作成対応。
〒150-0001 東京都渋谷区神宮前6-33-14
http://za.coromo.jp

オーダーぷりんと屋
あなたのオリジナル柄を1mからプリントします。
〒918-8051 福井県福井市桃園2-1-40
http://www.o-printya.jp

ING-JET.NET
布へプリント後、布製品に加工するサービスもあり。
〒150-0001 東京都渋谷区神宮前1-2-7 林ビル左棟1F
http://www.ing-jet.net

Textile-net
柄をつくって、選んで、生地にプリント。
〒541-0041 大阪市中央区北浜3-7-12 京阪御堂筋ビル3F
http://www.textile-net.jp/digital_print/

Digina
発色がよくいろ落ちしない染料プリント。
〒541-0055 大阪市中央区船場中央3 船場センタービル7号館282
http://digina.jp

完成品・半完成品

絵柄をデザイン、描いた
レギンス、タイツ、バッグ など

オリジンインフィニティ
オリジナルのレギンスが1足から作成受付。
〒543-0028 大阪市天王寺区小橋町2-1
http://www.origin-infinity.biz

アートワールド
タトゥータイツ・タトゥーレギンス受注作成。
〒300-3561 茨城県結城郡八千代町平塚1975
http://www.art-w.com

MOST-design
タイツやレギンス、Tシャツ、バックへもプリント。
〒185-0022 東京都国分寺東元町1-23-21
http://www.most-design.net

TYFG
プリントタイツやプリントシュシュの製造。
〒910-0225 福井県坂井市丸岡町松山1-9
http://ty-fg.com

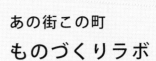
タグ作成 /still

オリジナル
タグ・シール
マスキングテープ　などなど

おしゃべリボン
タグ、リボンなど、オリジナルのオーダー受付。
〒919-0603 福井県あわら市矢地 1-3-1
http://oshaberibbon.com

SHOP ヤナギサワ
プリントネームと織ネームを取り扱い。
〒910-0246 福井県坂井市丸岡町西瓜屋 2-5-2
http://www.shop-yanagisawa.com

丸天産業株式会社
小ロットからのオリジナルマスキングテープ作成。
〒721-0962 広島県福山市手手城町 2-5-25
ihttp://www.maruten.net

ロジファクト
オリジナルマスキングテープの作成。
〒182-0023 東京都調布市染地 2-33-10-307
http://www.lalachyan.com

株式会社アンリ
ミシン目入りのマスキングテープも作成受付。
〒101-0047 東京都千代田区内神田 2-16-8
https://anri.ne.jp

印刷のウエーブ
オリジナルテープのオーダー受付。
〒600-8007 京都市下京区立売西町 66
http://www.wave-inc.co.jp

シールマーケット
オリジナルシールのオーダー受付。
〒104-0045 東京都中央区築地 2-11-24-8F
http://www.sealmarket.jp

DM・カード・紙もの

個人オーダーに対応
格安プリント

東京カラー印刷
オリジナルのDMやショップカード受付。全国対応。
〒120-0024 東京都足立区千住関屋町 5-27
http://www.tcpc.co.jp

グラフィック
ポストカード、フライヤー印刷。
東京・大阪・京都各店舗あり。★ HP を参照
http://www.graphic.jp

あの街この町
ものづくりラボ

アクセサリーのような小物からインテリアディスプレイまで、DIY 道具や陶芸の窯、レーザーカッターや 3D プリンターなどの設備を貸し出し指導してくれる "ラボ" があちこちに登場。その場所を使う人どうし交流のものづくりも広がっています。

浅草橋 / 浅草橋工房
様々な工具、工作機械を自由に使用することができるレンタル工房。
● 〒111-0053 東京都台東区浅草橋 1-34-3
　宏和浅草橋ビル 1F
http://www.craft-studios.com

日本橋 / CafeLabo
3D プリンターやファイバーレーザーカッターも利用できる。
● 〒103-0011 東京都中央区日本橋大伝馬町 11-10
　エディビル
http://www.sl-box.jp/cafelabo.html

八王子 / Wark
ものづくりやイベントを企画できるキッチン付きワークスペース。
● 〒193-0931 東京都八王子市台町 4-43
　ローズハイツ八王子 B-101
http://work-cafe248.com

手作業や型おこしでは難しいパーツも 3D プリンターなら製作が可能。これからのハンドメイドのかたちを大きく変える予感。

全国あちこち登場♪ご近所ラボ

全国市区町村の図書館や公共のコミュニティ施設や学校でも、3D プリンターやレーザーカッターなどの設備を利用でき工房のように使える場所が次々登場。ホームページなどをキーワード検索してチェックしてみよう。

ハンドメイド / アクセサリー作家用語の 基礎知識 50音順

構成・文章 / 皆川真奈美

粗利（あらり）
商品の販売額から直接の製造原価を引いたもの。
特定の商品やサービスを提供するにあたり、一定期間にどの程度利益をあげる力があるかを大まかに示す指標。
売上 − 売上原価 = 粗利
例 / 1,000円のピアス − 原価は400円 = 600円の粗利

委託
ハンドメイドでは作品をショップ、イベント運営先などにあずけ販売手数料をのぞいた売上を得ること。買取りと区別することば。ショップ、箱貸ギャラリーなどは委託の場合が多い。製作においては、一部作業のみ、もしくは、工程全てを外部に依頼し作品を完成させることを意味する。

イノベーション
主に「技術革新」を意味。新しいものを取り入れたり刷新させること。似たような言葉で、「リノベーション」がある。混同しやすいが、リノベーションは既存のもの古くなったものなどを改変したりよみがえらせること。分野や場面によって微妙にニュアンスが異なってくるためイメージをきちんと伝えることが重要。

印紙
手数料・税金などを納めたことの証明として書類などに貼る法定の紙片。切手のようなかたち。領収書に貼るのは「収入印紙」と呼ばれ、書面を作成した側が払う義務がある。現在、5万円以上の支払いに必要で、金額によって貼る収入印紙の金額も違ってくる。
5万円から100万円までの支払いには
200円の収入印紙が必要。

売上 ⓈＰ p.014
商品やサービスを販売することによって得る代金の総額のこと。売上高、売上金額ともいう。

ＳＮＳ（エスエヌエス）
Social Network Service の頭文字。人と人とのつながりを支援するインターネット上のサービス。
ネットに自分のプロフィールや日記、アルバムをのせたり共通の趣味を持つ仲間どうしのコミュニティをつくってメッセージのやりとりなどを通し交友を広げる。
代表的なサービスにFacebookやTwitter、Instagram、LINEなどがある。

卸値
卸価格ともいう。ハンドメイドでは直接、購入者に販売をしないものを作家が流通過程のなかでさらに購入者に近い業者、ショップなどに売る時の値段のこと。

買取り
ハンドメイドでは作家から作品を買い取ること。作品を借りて売れた分の金額を支払う委託と区別することば。

掛け率 ⓈＰ p.102
ショップなどに作品を委託、買取りで卸した場合などの作家へ清算、支払われる金額の売上額からの比率。
50%の場合は5掛、60%なら6掛と呼ぶことが多い。

型番（かたばん）
型式別の番号で、作品の種類や用途、作成時期などにより分類される番号。品番と同意義で使うこともあり。

クリエイターズマーケット ⓈＰ p.093
略称、クリマ。1999年スタート。ポートメッセ名古屋にて年に2回開催されてきたアート系マーケットイベント。
東海地方最大の「つくるひと」のお祭りと言われている。
プロ・アマチュア・ジャンルは不問で、ハンドメイドはもちろん、量産品でも自身・自社の商品でオリジナル性の高いものであれば出展が可能。逆に、自作であってもオリジナル性が低いものは出展が不可の場合もある。

下代（げだい）
ショップなど販売する側の仕入値 = 卸値。
下代と上代の差が利益となるため、下代にいくら上のせし上代を決めるのか販売のうえで重要なポイントのひとつ。

原価
作品をつくるためにかかったもともとの金額。
利益を含めていない仕入の材料、費用などの合計額。

コラージュ
英字仏字表記 collage。異素材の布や糸、ボタンやパーツ、絵や写真、紙などを素材として貼り付けて、組み合わせることによってひとつの作品に仕上げるもの。
元々はフランス語で「糊付け」という意味。付ける土台も、洋服やバック、靴やアクセサリーとさまざまで位置や向き、柄や質感によって雰囲気が異なる作品に仕上がるため、
1点ものとして扱われることが多い。

★記載の内容は 2016 年 2 月現在のものです。

コラボレーション
英字表記 collaboration。異素材の複数の立場や
異なる人で行われる協力・連携・共同作業。協力関係で
得られた成果もコラボレーションと呼ばれる。略称コラボ。
用いられる傾向として「意外な組み合わせ」
「付加価値の創出」というニュアンスが込められる。
例えば、アクセサリーの作家作品に刺繍作家をほどこし
ひとつのネックレスを制作など。

在庫
一時的に保有している作品・製品・原材料などのこと。
販売する品物が倉庫などに蓄えられている状態
また蓄えられている物品のこと。

サプライヤー
作品や物品の供給者。商品を製造する業者。
仕入先や売り手、納品業者に対しても使うことば。

差別化
本来は競合する他の業者や商品に対して独自性や違いを
明確にするすること。他のものとの違いを際立たせること。
ハンドメイドの場合は、作家が自分と他の作家の作品と
違いを出すことばとして使われる。
また、作品そのものの他に、ネーミングやラッピングでの
違いの演出、買い手の設定を変えてそれぞれの売り方の
違いなどでも使われることば。

サンプリング
本来は無料で商品を配布し、実際に体験してもらうことで、
需要を喚起するプロモーションの方法。ターゲットを定め
効率よく配布、試す機会をつくることで顧客をつかむ方法。
ハンドメイドでは試作のバリエーションなどを安価で販売、
ノベルティなどで無料で提供し、反応を見ながら、実際の
販売の可能性、作品の改良点などをさがすことも含まれる。

仕入れ ⓢ p.048
ハンドメイドの作家にとっては作品をつくるための材料の
調達。販売するショップでは作品の調達のことも意味する。
仕入先には生産者、問屋、小売店舗、インターネット販売、
個人などがあり、品種、時期、量、価格などを見極め、
仕入先を選定する。季節品や流行品の場合はつくる時期を
見越して仕入れ、量は想定する販売数と在庫によって決定。
原価により販売価格も大きく変わるため、仕入れの頻度品、
目など計画的に考えていくことが大切。

シーズン商品
季節ごとに販売量が変化する商品。季節の限定的な商品。
ショップなどでは春夏物と秋冬物に分ける場合も多い。
クリスマスやバレンタインなどイベントに関連した
作品もシーズン商品として扱われる。

什器 （じゅうき）ⓢ p.104
作品やパンフレットなどを陳列・販売するための器具や
ディスプレイの機材。ショーケースやアクリルボックス、
テーブルやトルソーなど、材質も金属、紙などさまざま。
ショップやイベントなど目的に合わせ安全性や耐久性の
配慮が必要。問屋街には什器類の専門店もある。

上代 （じょうだい）
作品の店頭価格として設定された価格＝定価のこと。
作家の取り分である下代に対するお客さまへの販売価格。

請求書
作家側が代金の支払いなどを請求するために出す文書。
商品名と数量、合計金額のほか、振込先の銀行、支店名
口座番号、名前など必要項目を忘れずに記載。
相手側に配慮した請求書の書き方に心がけること。

単価 / 客単価
単価は作品 1 個あたりの価格。＠で表示することもある。
間違いやすいことばで"客単価＝ 1 回の購入でお客さま
ひとりあたりが支払う合計額"があるので区別する。
客単価を一定期間や一定の母数で計測、平均化した
平均客単価は販売を行っていくなかで重要な指標になる。
例えば、客単価を上げるということは売上を伸ばす
大きなポイントであり"売るため"課題をさがす
手がかりにもなる。

着払い
宅急便などの送料または、代金を受取人が支払うこと。
ショップからの返品は着払いが一般的。納品は元払い。

追納 （ついのう）
追加納品の略語。人気作家の作品を販売するショップや
イベントなどで耳にします。
完売、好評などの場合に作家さんに追加注文するための
うれしい♪おことば。

ディスプレイ

展示・陳列すること。ショップやイベント、展示会などで作品が魅力的に見えるように配置すること。
ショーウィンドや会場全体の演出装飾を示すことも。作品の魅力をアピール、集客を高めることも可能なため、マーケットプレイスなど作品のならべ方に工夫を凝らし画面のなかでディスプレイ、演出する新しいスタイルも最近多く見られる。

定番 ③ p.033

本来、ショップや業者など定番商品として使われる場合、基本的な商品や変化しない商品のことをさす。人気を得たいろやかたちなどを定番のデザインとしオリジナリティをアピールしたり、定番商品のアレンジすることで季節感や特別感を演出するベースとしても活用している。
ハンドメイドの場合、人気を得た作品を自分の作風、作家としてのキャリアを表す定番の作品として、リピーターを獲得、客層を広げる出発点として使うことがおすすめる。

手売り

直接顧客に商品を売ること。ハンドメイドでは作家が直接、お客さまにイベントや展示会、店頭で接客、販売すること。実際に会話ややりとりのなかで反応を見たり、声を聞き販売することで、現行品の改良、今後の新作の参考にしたりアイデアを得る場所、なによりリピーター顧客、上客、ファンをつかむ場所として大事にする作家も多い。

デコパージュ

フランス語表記はdécoupage。元々は宮廷などの趣味手芸。紙に描かれた模様や絵の切り抜きを貼って物の表面を飾り、コーティング剤を塗り重ねていく方法。
デコパージュ液として手芸店やショッピングサイトから購入できる他、近年、ダイソーなど100円ショップで安価な専用液も発売されて簡単に素材が入手可能となり、人気が高まっている。タグやシール、ディスプレイづくりなどで、表面に塗ると耐水、耐久性が増して便利。

デザインフェスタ ③ p.093

略称、デザフェス。1994年から、東京国際展示場で年2回開催されるアジア最大級のアートイベント。オリジナルであれば審査なしで参加ができる。プロ・アマ不問で年齢や国籍・ジャンルやスタイルを超えて、毎回1万人以上のアーティストの自由な表現に出会える人気のイベント。
ブースごとに分かれており、雑貨、アクセサリー、人形、ファッション、音楽、絵画、工芸、写真など多岐にわたる。

天引き

料金の支払いの際に、決まった金額をあらかじめ差し引くこと。
委託ショップの出店料、イベント参加の出展料など清算の場合にも使われることも。

テンプレート

あらかじめ定型的な文章やデザインが用意されている文書デザインの「ひな形」。
その都度、部分的に修正・変更が簡単にできる。納品書や領収書などフォーマットの用紙やパソコン上にテンプレートを用意、保存しておくと手間が省け便利。SNSやマーケットプレイスの作品の画像や情報入力のページもテンプレートの一種。

納期

納入期限の略。注文された作品、品物を届ける期限のこと。作品を納品する、納入する期限。また、請け負った作業などの完了期限。遅れる場合は必ず事前に連絡すること。

品番 (ひんばん)

作品を管理する上で、他と種類やかたち、いろ、用途など区別するために、つける番号。「しなばん」と呼ぶ人もいる。型番と同意義で使うこともあり。

ブース

間仕切りをした場所や小空間。展示会や見本市、イベント会場などで見られる光景。出展者単位で区切られるのが基本。ブース代というのは、イベントではスペース使用料のこと。別に電源、照明代、テーブル貸出料など追加の場合が多い。

フライヤー

チラシ、パンフレットとよく似た印刷物。
内容的にもほぼ同じ感じだが利用されているシーンや呼び方が少々違う？作家それぞれの宣伝ツール。
ショップに置かれていたり、イベント会場などで配られることが多い。展示会への案内など、時期や場所をしぼったバリエーションもさまざま。
即効性の効果を出したい時など活用。デザイン性を高めてインパクトを持たせ、集客ツールとして使われている。サイズやデザインも自分スタイルで、リトルプレス風だとフライヤーと呼びたくなる。

ハンドメイド / アクセサリー作家用語の基礎知識　p.129

ブランディング p.016

お客さまが "買いたい" 価値のあるブランドにする活動。
ブランドの特徴や競合する作家作品と違いを明確に提示
することで関心を高め、"買う" 意志決定へとつなげる。
お客さまとの信頼関係、作家と作品への "共感" を深める
ことでブランドの訴求力が向上し、競合する作家作品に
対し優位に立たせる。
方法としては、共通イメージを継続、ネーミングやロゴ、
作品のデザイン、素材感、SNSの使い方表現方法など
全体を通して、自分らしさを心がける。
そして、誰が自分の作品のお客さまかを意識すること。

プロパー

通常、ショップなどでは正規商品のこと。
セールなどで値引をしない通常正価で販売しているもの。
ハンドメイドでは、ショップの店頭で長く人気の作品など
定番と同じような意味で使われることも多い。

POP（ポップ）

元々はスーパー店頭のポスターなど掲示される広告のこと。
商品単位で付けるちいさなものから、全体の商品イメージを
打ち出すものまでさまざま。アイキャッチのイラストや
コピーが購買意欲を掻き立て、商品を手に取ったり購入の
きっかけに。かたちや文字の大きさ、デザインいろいろ。
ハンドメイドではイベントや手づくり市での出展ブース、
最近はマーケットプレイスでの作品画像のなかの演出など
その長い歴史と伝統の工夫がアレンジされている。

本体価格

消費税を含まない商品本体の価格のこと。税抜き価格。
商品の価格を表示する際、本体は消費税を含んだ価格、
消費税総額表示をすることが法律で義務つけられている。
ただし、消費税増税に伴う特別措置として一定期間に限り
税抜本体価格での表示が認められている。税率変更時期の
ショップの店頭、特にデパート会場などで販売する作品の
タグやシールには本体価格に "＋税" の表示がおすすめ。

マーケットプレイス p.096

商品や作品を売りたい人と買いたい人が自由に参加できる
インターネット上の取引市場。特にハンドメイドの作品を
売買するウェブ上でのSNSの総称。
数年来で日本では急速に普及。最近は作家の作品に限らず
使用される材料の仕入れ、調達まで品揃えを広げている。
自宅にいながら、海外の人に自分の作品を販売できたり、
購入したりすることが可能なサイトもあり。

元払い

宅配便など品物の発送をする際、送料を発送元が払うこと。
着払いの反対。作家がショップなどに作品を納品する時は
元払いが基本。作品販売の経費として意識しておくこと。

リピーター

和製英語。1度訪れたショップやイベントに2度、3度目
と来店したり、一度購入した商品やそのバリエーションを
繰り返し購入する人のこと。常連さん。
ハンドメイドの作家にとっては自分の作品を気に入って
2つ、3つ目と購入してくれた人。ファンのちょっと手前？
その人のことを知り、コンタクトできる関係をつくれれば
売上アップ、次のお客さまへのリンクにもつながる。
"備忘録" で顧客管理をすることがおすすめ。 p.132

領収書

金銭を受領した内容を記して支払い元に渡す書面。
書式に規定はないが市販のものがおすすめ。
5万円以上は金額に応じた収入印紙の貼り付けが必要。
5万円から100万円までなら200円の印紙を用意。

露出

自分の作品を "売る" 目的に即したかたちで雑誌や新聞など
メディアに掲載、テレビやYouTubeなどでの映像紹介、
インターネット、ウェブなどで作品や作家活動が多人数の
目にとまるよう表示されるなど、広く意味することば。
露出が増えれば多くの人の認知＋記憶されて、お客さまが
広がると思いがちだが、量的な露出がハンドメイドの作品
作家としての評価のマイナスイメージになることも。
実際に "売れる" 作家には、作品の露出を特定の人間関係、
サイトなどに制限して、自作の価値やブランドを演出。
人気を得ている人も多い。
どんな人に自分と作品が知ってもらいたいか、その人は
どんな露出に好感を持っているか意識しながらメディアを
選び自分のアピールのかたちを決めること。

ロット

1回に仕入れ、納品、販売する同仕様のパーツや作品の数量。
本来は仕入先に材料を注文したりする際の単位として利用。
普通は毎日連続して注文するほどの量でない場合、
月ごとシーズン、年ごとのロット数を決めてそのつど注文。
ロットとは普通まとまった数のこと。ハンドメイドでは
ほとんど小ロットで、仕入れ、納品、販売をしている。

取材・文章 / 皆川真奈美

ハンドメイド作家活動
税金のこと Q&A

みんな
いうこと
違うし…

扶養家族だから
このままで
いいかな？？

★記載の内容は2016年2月現在のもの

趣味や副業であっても
ハンドメイド作家として作品を販売し
ある程度の収入を得ることになれば
税金を払う必要があります。
毎年、2月中旬から3月中旬の期間に
"確定申告"の受付があり申告納税
及び還付申告の手続きが行われます。
この"確定申告"ということば。
聞いたことはあるけど、これまでの
自分とは関係のなかったことなので
いまいち分からない…。
そう思われている方も多いのでは
ないでしょうか。

そもそも"確定申告"とは
**毎年1月1日～12月31日までの
1年間に所得のあった人が
所得税の額を計算して期限までに
申告書を提出し先に納めた税金などとの
過不足を精算する手続き** のこと。

所得の有無やその金額によって
確定申告の要件が変わってきます。
所得税法の規定のどこに
自分があてはまるのか
まず目安として考えてみます。

ハンドメイドの作家活動の納税はどうするの？
確定申告をすると扶養家族からはずされたりしない？

税金のことQ&A p.131

あなたはどちら？

A ▶ "私"は　扶養家族　特に給与収入がない。

B ▶ "私"は　会社員　派遣などで給与所得を得ている。

Aで "ハンドメイドの販売などで **年間収入が38万円** を超えていたら"

Bで　副業として
　　 "ハンドメイドの販売などで **年間収入が20万円** を超えていたら"
　　　　　　原則として　所得税の確定申告が必要となります。

p.028の利益の計算式からあなたの収入をチェックしてみましょう。
支出の項目のなかの "私" の収入が所得に相当します。利益は新作の材料費
お客さまへのアフターフォローなどきちんと経費に使えば所得にはあたりません。
Aの38万円がハンドメイドだけの収入だと月額平均3万少々になりますが
仮に販売金額の30%が作家収入とすると月10万以上売上の方になり、比較的
"売れている" 方と思われます。他のパートなどの副収入も加え収入を試算し
申告が必要かどうかチェックしてみましょう。Bの方も同様です。
もし、あなたが申告の対象者であれば、近所の税務署に相談します。
Aで既婚の方は、経費を差引した収入が38万円以上〜76万未満なら、ご主人の
年末調整で "配偶者特別控除" が受けられます。ただし76万円以上だと個人の
確定申告が必要。ご主人の扶養からもはずれ "ひとり立ち" の時です。
Bの方は、雑所得として確定申告、自身での納付となります。その際、申告の
内容が赤字になると勤務先に通知がいくことになるので、気になる方は事前に
勤務先に話しておくことをおすすめします。

主婦でも年間76万円以上の収入の目標と自信があれば
ハンドメイドのアクセサリー作家として自信をもって
歩んでいきたいなら、近所の税務署に個人事業の
開業届を出しましょう。納税をきちんと行えば
逆に材料費の他に、家賃や光熱費の一部など作家の
活動に関わる費用として経費にできたり、青色申告で
実際の納税額を減らせるメリットも大です。

**税金相談の窓口は
国税庁ホームページ**

http://www.nta.go.jp/

確定申告の手引きが掲載されている他
"確定申告書作成コーナー" で申告書や
決算書などを作成することもできます。
ご近所の税務署の窓口もさがせます。

オリジナル / ハンドメイドのアクセサリー
つくる / 売る ために 役にたつ 4つの用紙 さしあげます

作家活動を続けてきた人たちの経験、希望をきいて この本の読者のためにつくりました。

↪ p.037~ p.042 / p.048
私の作品スケッチ用紙

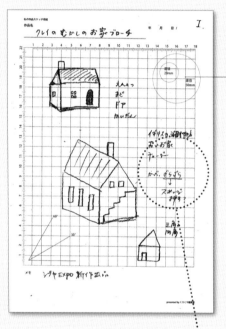

作品づくりのイメージを
イラストやコラージュなど
ひとりひとりのスタイルでスケッチ

1cm 四方の方眼、1mm 単位の表示
直径正円、角度などで実寸、
縮小などで完成サイズを
イメージ。

書いて描いて
消して直せる
筆記用具で
記入します

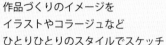

製作や表現のアイデアや方法
使う材料、素材など1枚のスケッチの上に
思いついたこと記録したいことを
絵や文字で書き込み "仕様書" のように。

↪ p.104
作品づくり工程表

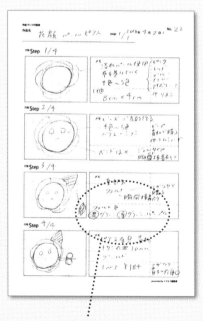

いくつもまとめて作業ができる
ステップを考えて時間をかけずに
効率よく作品づくりをしたり
使う材料やつくり方は自分で決めて
外部に "量産" をお願いする
指示書にも使えます。

材料のサイズや仕入先の品番、価格、在庫数など
メモしておくと次の製作にも便利。

4つの用紙 P.133

◆ p.030
利益の計算用紙

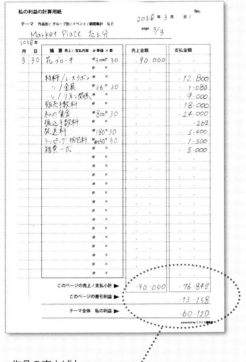

作品の売上げと
材料経費と"私"の賃金を1枚に対比し記入
作品ごと 期間ごとの利益を計算、記録します

お客さまひとりひとりの
購入内容、注文、イベントでのやりとりなど
"顧客管理"に使います

住所、連絡先など個人情報の記入
保管は厳重に。

◆ p.086 / p.101
お客さま備忘録

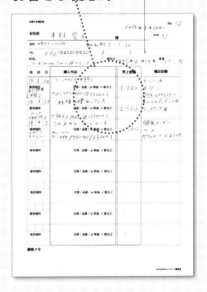

クリアファイルの見開ごとに左には記入した用紙
右には領収書やメモなど関係資料を入れると一目で
記録がチェックでき保存も簡単です。

PDF で いつでも 何枚でも 取り出せます

くりくり編集室が運営する
東京押上のお店 AMULET の
ホームページから
ダウンロードできます。

http://amulet.ocnk.net/

サイト内検索　押上 AMULET 🔍

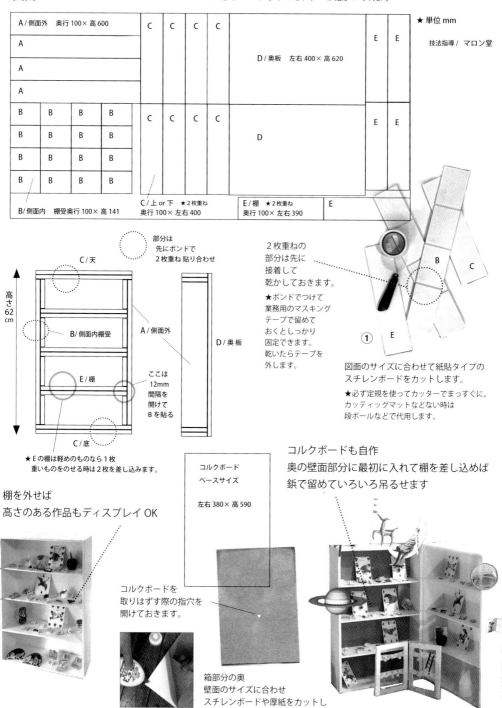

ディスプレイスタンド つくり方 P.135

⤵ p.095

収納兼用
ディスプレイスタンドのつくり方

道具・材料 / スチレンボード（紙貼タイプ）工作用ボンド
梱包用白色布テープ、カッター、はさみ、布、ボタン、糸
水性ペンキ、はけ、コルクボード、定規

角のパーツの
重なりの様子。

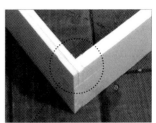

②

棚のさし込み部分が
接着済の外枠のパーツと
天と底のパーツを
ボンドで接着します。

③

角の部分は完成時に
ずれないように接着後
マスキングテープで
仮留めをします。

④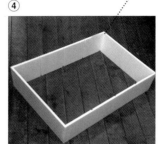

きちんと四角の
かたちにできたか確認。
乾燥させます。
工作用ボンドなら
30分位でOK。

⑤

④が乾いたら裏面の
スチレンボードをボンドで
接着後、梱包用の白色の
布テープを適当な長さで
カットし角を
カバーするよう
何枚も貼ります。
その後全面に
布テープで
つつむように
貼っていきます。

★デッキの板の
ようなずれた
配置で貼るのが
おすすめ。

⑥

側面の棚の差し込みの
部分は布テープが
覆ってしまわないように。
箱の内側のスチレン
ボードに布テープを
貼らなくても大丈夫。

⑦

テープ貼りが終わった2つの
箱の"蝶番"にする厚めの布を
カットし3カ所に置きます。

⑧

蝶番の布も梱包用の
布テープで固定。

⑨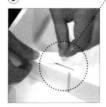

箱の内側の蝶番の裏の
部分もテープで留めれば
開いてもしっかり大丈夫。

⑩

外側全体にペンキを
塗って完成です。

★好きないろに塗ったり
布やフェイクファーを
貼ったり自由に
カスタマイズをどうぞ♪

⑪ 蝶番の布の部分に
針と糸でボタン留めれば
閉じた時、紐で固定ができます。

オリジナルアクセサリーのつくり方&売り方

編　者	くりくり編集室（石坂 寧）
デザイン	石坂 寧
撮　影	星野スミレ
イラスト	星野スミレ
モ デ ル	羽鳥みひめ　飯塚晴美
文　章	石坂 寧
編集協力	くりくりシブヤ/スタッフのみなさま AMULET/スタッフのみなさま 皆川真奈美　飯塚晴美　羽鳥みひめ take a nap 8718　加門佑人　マロン堂 ウィリアム＆まろ
発　行	株式会社 二見書房 東京都 千代田区三崎町 2-18-11 Tel. 03-3515-2311（営業）03-3515-2313（編集） 振替　00170-4-2639
印　刷	株式会社堀内印刷所
製　本	株式会社村上製本所

落丁、乱丁本はお取り替えします。定価はカバーに表示してあります。

©　AMULET　2016, Printed in Japan.
ISBN978-4-576-16073-3
http://www.futami.co.jp